U0723941

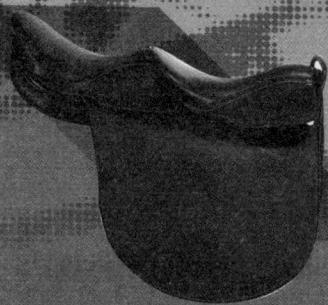

马术——骑师与马匹的默契

盛文林/著

台海出版社

图书在版编目（CIP）数据

马术：骑师与马匹的默契 / 盛文林著. －－北京：
台海出版社，2014.7

（全民阅读体育知识读本）

ISBN 978－7－5168－0443－8

Ⅰ.①马… Ⅱ.①盛… Ⅲ.①马术运动－基本知识
Ⅳ.①G882.1

中国版本图书馆 CIP 数据核字（2014）第 175057 号

马术：骑师与马匹的默契

著　　者：盛文林

责任编辑：阴　鹏　　　　　　　装帧设计：视界创意

版式设计：林　兰　　　　　　　责任印制：蔡　旭

出版发行：台海出版社

地　　址：北京市朝阳区劲松南路 1 号　邮政编码：100021

电　　话：010－64041652（发行，邮购）

传　　真：010－84045799（总编室）

网　　址：www.taimeng.org.cn/thcbs/default.htm

E－mail：thcbs@126.com

经　　销：全国各地新华书店

印　　刷：北京一鑫印务有限公司

本书如有破损、缺页、装订错误，请与本社联系调换

开　　本：655×960　　　1/16

字　　数：130 千字　　　　　　　印　　张：12

版　　次：2014 年 10 月第 1 版　　印　　次：2021 年 6 月第 3 次印刷

书　　号：ISBN 978－7－5168－0443－8

定　　价：29.60 元

前　言

　　现代意义的赛马起源于英国。在英国，赛马被称为"国王的运动"。约从 12 世纪开始，英国国王就开始鼓励各种形式的赛马。历经数代人的努力，到了 18 世纪，有商业目的，以较系统的赛事规则组织的现代赛马形式基本形成。

　　随着英国的殖民扩张，英国将现代赛马输入其几乎遍布各大洲的新领地。17 世纪中期北美南部英殖民地就开始赛马；18 世纪末殖民者将赛马引入了大洋洲；19 世纪 40 年代英国领主查理斯·塞莫尔将赛马引入法国；1842 年英国人在香港开始赛马；1862 年侨居日本的英国人在横滨举办了第一场现代赛马……

　　1900 年，马术国际比赛在巴黎举行；1912 年，马术三项赛两个项目和场地障碍赛团体赛被列入奥运比赛项目；1928 年，盛装舞步赛团体赛被列入奥运比赛项目。其中值得一提的是马术三项赛，它又称综合全能马术赛，是世界上第一项设立星级制的体育运动，曾经在上流社会和军队中进行。这项赛事不仅是一项体育运动，在马术比赛开展最普及的国家——英国，还被视为一项历史文化遗产和传统文化重要的组成部分。欧洲中世纪开始追求精神境界的历练，在这项运动中产生的"骑士精神"就是这种历练的具体反映。这项运动现在被人们视为时尚运动的象征，同时它也体现了一种对高尚体育境界的追求，所以它又被冠以"终极的运动"和"终极的挑战"之名。

　　参加马术比赛，比的是骑手的勇气胆略、驾驭技巧，拼的是马的速度、灵巧与自身品质，赛的是人与马的默契程度；而人们观看马术比赛，感受的是惊险刺激，唤起的是激情澎湃，体验的是竞技精神。

目　录

PART 1 项目起源

　　马的驯化在犬和牛之后，普遍认为马最早由黑海和里海附近的印欧人（即雅利安人，生活在今乌克兰一带）所驯化，渐渐演化成现代马。自此，它们逐渐被应用于耕种、运输、骑乘、放牧等方面，成为古代最重要的动力来源。赛马乃是人类在娴熟掌握御马技术之后产生的一项活动。

　　人类最早的赛马记录见于古希腊诗人荷马的《伊利亚特》，其中记载着马拉战车的竞赛。然而小亚细亚的碑文记载，在特洛伊战争几百年以前，亚述各地就有了专职的驯马师，可以推断赛马的历史还要早于该时期。

奔腾中的骏马

公元前 700 年到公元前 40年，四驾战车比赛和骑乘比赛就在古代奥林匹克竞赛中出现。在罗马帝国时代，赛马已经成为一项组织完善的公众娱乐活动，项目包括驾车赛、骑乘赛以及所谓罗马式赛马（骑手跨立于两马背上）。当时赛马活动十分频繁，出现了专业赛马工作人员、跑道和比赛规则，甚至还可以看到有关给马使用兴奋剂的诉讼、押马赌博以及观众骚乱的记录。据记载，罗马国王塞维鲁·塞普提米乌斯（公元 193—211 年在位）于公元 208 年出征不列颠，后来在约克设立赛马场，并一直维持到 1709 年。当时赛马作为一项军队的娱乐活动在罗马各驻兵城镇十分普遍。就世界而言，古代比较有组织的赛马主要开始于中国、波斯、阿拉伯以及中东和北非一些御马技术发展比较早的国家。阿拉伯国家在公元 7 世纪育成了阿拉伯马，对世界现代赛马品种的培育产生了广泛而深远的影响。

中国自古以来就是马业大国，赛马历史源远流长。赛马和骑术的出现密切相关。地处北部的古代游牧部落在我国最早使用和发展了骑术，也是可能最早出现赛马的地方。到了商代，御马之术已成为统治阶层所提倡的"六艺"之一。春秋战国时代随着马具和骑术的日趋成熟，较有组织的赛马也在贵族阶层兴起。周朝开始，马政已逐步形成。各朝统治政权出于军事需要，都致力于马政建设，兴办马场、发展马业，曾出现过隋、唐、明等养马盛世。以马为载体的比赛也相应地有所发展，除竞速赛马外还有马球、骑射等。此外，我国地方性的民族马赛事也历史悠久，许多延续至今。这些赛事主要集中在内蒙古、新疆、西藏、青海、甘肃、云南等我国西北和西南少数民族聚居的省份。古代赛马史是我国底蕴深厚、丰富多彩的马文化的重要组成部分，也是我国现代马业发展的基石。

马的不同用途

然而，现代意义的赛马却是起源于英国。在英国，赛马被称为"国王的运动"。大约从 12 世纪开始，英国国王就开始改良英国马匹，鼓励各种形式的赛马。历经亨利一世、亨利七世、亨利八世、安妮女王等各朝不断发展，在 18 世纪，有商业目的，以较系统的赛事规则组织的现代赛马的形式基本形成。

纯血马的培育为现代赛马的发展奠定了基础。王室和贵族对赛马的热衷以及军事方面的需要，有力推动了轻型骑乘马新品种——纯血马的培育。17 世纪起，英国引入了多匹优良的骑乘型东方马匹，主要是阿拉伯马。其中 3 匹著名的阿拉伯种公马对纯血马的育成起了重要的作用，即达雷阿拉伯、培雷土耳其和哥德尔芬阿拉伯。现代纯血马的血统大多出自这 3 匹种公马。英国人通过精心的选种、选育，并加强饲养管理和调教，终于育成了纯血马这一优秀的赛马品种。为了保证纯血马繁育业的有序发展，英国最先形成了纯血马登记制度。1791 年，詹姆斯·威则毕结合私人记录出版了第一本血统登记簿。威则毕的工作获得越来越多育马者的认可，威则毕家族也逐渐承担起英国纯血马登记的重任。其领导的纯血马登记机构建立起一整套系统的纯血马登记制度，严格而详细地记录了纯血马系谱，成为后来其他赛马国家效仿的典范。

PART 2 历史发展

赛马的历史综述

　　随着赛马专门化品种纯血马的培育，从 18 世纪初开始，赛马业也逐渐实现了专业化。其中包括专业化的骑手、赛马教练、马兽医，以及赛事的管理机构。专业化的骑手和赛马教练的出现对现代赛马具有重要意义。现代赛马是一项人与马密切配合的艺术，人与马之间的默契程度是决定赛场上胜负的重要因素。比赛的胜利不仅依靠马匹的素质，骑手的作用也是十分关键的。在比赛过程中，骑手需要以不同的坐姿与动作向马匹传达信息，让马匹在适当的时机加速。赛马教练的任务是让马以最佳状态参加比赛。教练需要掌握马匹的特点，对之进行系统的训练和科学的饲养管理。另外，更为重要的一点，好的教练会为马选择合适的骑手，让马参加合适的比赛，并努力把握好马的状态，让它在比赛时达到最佳。赛事管理机构的出现，推动了现代赛马制度的建立和完

马是人类的亲密朋友

善。在现代赛马发源地的英国，赛事管理机构——骑士俱乐部（the

Jockey Club）成立于 1750 年。其在纽马克建立起的一套赛事规则逐步推广至英国全国，形成了现代赛马赛事规则的雏形。

17～19 世纪，伴随着大规模的殖民扩张，英国也将现代赛马输入其几乎遍布各大洲的新领地。17 世纪中期北美南部英殖民地就开始赛马；18 世纪末澳大利亚殖民者将赛马引入了大洋洲；19 世纪 40 年代英国领主查理斯·塞莫尔将赛马引入法国；1842 年侵华英军在香港开始赛马；1862 年侨居日本的英国人在横滨举办了第一场现代赛马……现在，现代赛马已经扩展到了全世界。

1896 年在希腊雅典举行首届现代奥运会时就有人提出将马术列为比赛项目，但是由于组织工作难度较大和主办国希腊对该项目缺乏兴趣而未果。1900 年在巴黎举办了第 1 次马术国际比赛后，马术运动发展很快。1906 年以冯罗森伯爵为首的一些瑞典军官向顾拜旦提出马术进入奥运会的建议，并受顾拜旦的委托起草了具体的比赛方案。1907 年在海牙举行的奥林匹克代表大会通过了该方案，拟在 1908 年的伦敦奥运会纳入马术比赛。但是伦敦奥运会组委会未执行该决议。直到 1912 年在瑞典斯德哥尔摩举行第 5 届奥运会时，马术才进入奥林匹克赛场，来自 10 个国家的 62 名马术选手（均为军官）进行了首届奥林匹克马术角逐。

随着现代赛马在全世界的发展，国际间赛马业的交流越来越频繁，建立一个交流的平台，以便于不同国家、地区间的赛马机构协调立场，加深彼此间的了解就变得很有必要。在这一背景下，国际赛马机构的出现就显得恰逢其时。1961 年，美国、法国、英国和爱尔兰等国家在巴黎发起的国际赛马业协商会议，最终促成了国际赛马联盟（International Federation of Horseracing Authorities，IFHA）的成立。IFHA 正式命名于 1993 年，现已拥有 50 多个成员，其中包括了世界主要赛马国家和地区。IFHA 成立以来在协调统一成员国育种、赛事及博彩的规则、制定和完善国际赛马协议等方面发挥了重要作用，促进了赛马业国际间的交流和合作，有力推动了世界赛马业的发展。

值得一提的是，科技的发展对现代赛马业起到了重要的推动作用。

最新的科技成果不断应用于赛马业各主要方面，其中包括赛马的登记、饲养管理、赛事运营、赛马博彩等。纯血马登记中的血统鉴定是随着生化分析技术的进步而发展起来的。20 世纪 70 年代马血红细胞抗原及血液蛋白多态性分析技术的成熟，使血检技术应用于马的亲子鉴定；而从 20 世纪 90 年代起，血检技术又逐渐被更为先进、准确、快捷的 DNA 检测技术所取代。在纯血马登记方面，近年来发展起来的芯片植入技术，使得赛马的个体识别和血统鉴定更为便利。马营养学、行为学、兽医等方面的研究，使马的饲养、调教、疫病防治更为科学合理。先进的监视录像系统，赛道终点摄像机，违禁药物检测技术保障了比赛的公正性。以计算机技术为基础的现代赛马彩金计算器，使数据传输和处理更为快捷，也使马迷博彩更为方便。新材料合成技术也应用于赛马跑道的建设中。与传统的沙地和草皮跑道相比，人工合成材料铺设的新式跑道更为安全，在不良气候条件下也可进行比赛。这些新的科技成果的应用，促进了现代赛马业健康、持续地发展。

赛马奖金及博彩

对于马主和骑手来说，荣誉和奖金是他们参赛的主要动力。最早的比赛奖金是参赛马主自己投的赌金，赌金由第三方控制，中途退出的参赛者将被没收一半甚至全部赌金。后来王室鼓励赛马，在查理二世的"国王杯"中就为比赛设定了一定奖励。迄今所知的赛马第一笔奖金是"狮心王"理查一世在 1195 年的一场 3 英里（约 4800 米）的赛事中提供的一个 40 英镑的钱袋。待赛马成为一项有严格组织的公众活动后，观众成为投注的主体，参赛者的奖金来自一部分赌金，且越来越丰厚。20 世纪末，名马雪茄、跃动等一生的奖金收入近千万美元。

另一方面，对于观众而言，在观看比赛的同时，参与一些相关的博彩活动似乎更能增加观赛的趣味性及刺激性，于是赌马便应运而生。早期少数人开始有私人之间的赌马，这与参赛马主之间的赌金已是全然不同了。到了 18 世纪末，由于投注赛马的马迷越来越多，专事赌马的庄家产生了。庄家根据马匹获胜几率估算出赔率，马迷则可根据自己对赛马的判断和庄家给出的赔率选择投注对象。庄家接收所有投注，并在赛后按赔率向获胜的投注者发放奖金。这种形式至今在英国、欧洲大陆和英联邦的一些国家依然存在，其中英国庄家投注占投注总额的比例较大。但是在世界范围内，占据主导地位的是 19 世纪法国人奥勒发明的名为"巴黎共利法"的博彩方式。在该博彩方式中，所有投注汇集到彩池，其中一小部分作为赛马运行成本、奖金及税收，剩下的大部分则作为彩金（赢得博彩的奖金）回馈马迷。在投注期间，主办方计算出每匹赛马的赔率，并公布给投注者。与以往同庄家博弈的形式不同，巴黎共利法中每个投注者都是和所有其他投注者争夺赌金。该制度在 1887 年成为法国赛马的法定博彩方式，而 40 年后在英国也成了赛马博彩的法定方式。各地彩池投注金的分配比例有所不同。一般猜中前三名竞赛马匹的马迷可以获得奖励，即所谓的 Win（下注马匹为第一名），Place（下注马匹为前两名）和 Show（下注马匹为前三名）。其他形式还有双赌法，即同一天两场比赛中猜中获胜马匹；正连赢，即在一场比赛中猜中前两名的顺序；三连胜，即猜中一场比赛中的前三名顺序。另外还有更加复杂、难度更高的猜马玩法。

赌金计算机是由法国工程师亨利·施特劳斯发明的。由于当时人工计算存在很多问题，亨利在马里兰赛马场的一场比赛中投注的是 12 倍的彩金但最后只按 4 倍得到奖励，他对此感到非常不满。后来，亨利和他的伙伴发明了电子投注设备，可以精确计算马匹的赔率，并可将投注信息显示在大屏幕上，以做到准确兑奖。赛马赌金计算机的出现使得赛马博彩进一步完善。

由于对博彩在认知上的争议，赛马博彩在被普遍认可之前曾有过一段曲折的历程。由于受到反赌团体的强烈抵制，英国在 19 世纪中期曾压制过庄家投注店；1906 年开始又禁止赛马场外的现金博彩方式，但在这之后日益猖獗的地下赌马又迫使政府重新审视其政策，并于 1960

年承认了这一博彩方式的合法性。美国的赛马博彩在内战以后开始流行，到1890年共有314个赛马场，几乎遍及各州。但由于20世纪初的反赌浪潮，到1908年就只剩下25个赛场运营了。最后，就连纽约赛马场也在1911年关闭。但不久之后由于经济形势以及社会主流思潮的转变，博彩赛马又在美国重新兴起。其他许多主要赛马国家赛马博彩都曾经历过这一"开了又禁，禁了又开"的曲折过程。

实际上，马迷和整个社会都从现代赛马中获益良多，但人们却在博彩赛马的合法性上反复纠缠。最先给赛马博彩正名的还是英国。英国议会最早将博彩赛马正式列为合法项目。之后，世界许多国家也都采纳了类似的法律解释。实践证明，只要法规得当、监管有力，就能有效防范博彩赛马的潜在危害性，使之在就业和税收以及社会事业方面做出很有益的贡献。在世界众多开展现代赛马的国家和地区，博彩赛马已成为一项健康的，集体育与商业于一身的，具有广泛社会意义的活动。

英国赛马的历史发展

英国是现代赛马的发源地，英国人以其独特的方式将这项体育运动与博彩完美地结合起来，并将这种模式推向世界。赛马堪称英国之国粹，是一项产业更是一种文化。

赛马最初的意义是挑选优秀马匹。在中世纪的英格兰，人们购买马匹时常请骑手展示马的速度。后来由于统治阶级的介入，赛马作为获得优秀马匹的一个重要手段在政府的支持下得以大力发展。历史上，持续30多年的玫瑰战争（1455～1487）给英格兰带来严重摧残，马群锐减以致骑兵队十分窘困。为发展本国马业，亨利七世（1457～1509）和亨利八世（1509～1547）开始从意大利、西班牙及北非等地大量引进优良种马。为培养育马气氛，国王亲自组织贵族之间的比赛。"国王的运动"这一称号也由此而来。亨利八世酷爱赛马，他相信利用竞赛获胜的马育种可以提高骑兵队的质量。亨利八世下令禁止在英格兰散养种马，所有种马都需经过选育。

英国赛马的发展始终以王室为核心，查理二世被誉为"英国赛马之父"，他在位期间（1660—1685）设立了"国王杯"，并为此赛事设立了奖金。安妮女王（1702—1714）同样是一位兴趣浓厚的骑手，繁育了许多优良马匹。她在位时期赛

原产西班牙的利皮扎马

马开始成为一项职业化的运动。著名的皇家赛马会就是在此时成立的。由于安妮女王的影响，皇家赛马会每年的赛事至今仍被称为安妮女王大奖赛。这一时期参赛的马匹数不断增加，观众押注赌马已较为普遍。赛马场数量开始迅速增长，奖金也不断提高以吸引最优秀的马匹参赛，培育优良马匹开始变为一项盈利活动。1750年在纽马克成立了英国第一个赛马管理机构——骑士俱乐部。1770年骑士俱乐部颁布了一系列赛马规程，但当时还只对纽马克地区的赛马有效，它还没有管理全国赛马的权利。纽马克能够逐渐成为英国赛马中心地区，一方面是由于王室的支持，另一方面骑士俱乐部成员的影响力也起到了很大的作用。随着骑士俱乐部管理能力的增强，它逐渐掌管了全国的赛事。1773年，詹姆斯·威则毕编写了第一期《赛马日程》，它是专门为赛马参与者提供赛马资讯的新闻周刊。这年，骑士俱乐部为赛马制定了一套更为完善的规则，并在《赛马日程》上刊出。这套规则后来逐渐成为了世界赛马的标准。

现代赛马开始于18世纪。1776年圣·里格、1779年奥克斯和1780年德比这3个传统赛事相继产生，标志着现代赛马的开端。圣·里格是英国最古老的五大经典比赛之一，是在安东尼·圣·里格上校的努力下举办起来的，故以其名字命名。圣·里格专为3岁马设立，最初赛程为

2 英里。当时参赛马匹是不取名字的。从 1913 年开始 2 岁以上的马匹开始要求命名以利于辨别，而 2 岁马则在 1946 年开始命名。

提供博彩服务的庄家是在 18 世纪末开始出现的，庄家与让磅赛是相伴而生的。要让观众在押注上做出不同的选择，各参赛马匹必须有同等的机会获得胜利，负重制度由此而产生。1758 年骑士俱乐部就规定在纽马克的比赛中，骑手在比赛后必须称重，以确认其赛马携带了规定的负重。1850 年骑士俱乐部的首脑约翰·卢斯提出了按年龄加重的方式，并规范了负重计算的方法。该负重规则现在仍在使用，只做了很少的修改。现代赛马发展至今，负重制度已十分精密。参赛马匹负重会根据年龄、性别、比赛成绩等进行调整，占优势的马匹负重较多，这样其他马匹才能有获胜的机会。

博彩的发展使得赛马的经济效益大增，育马、驯马、赛马等都成了重要的经济活动，赛马业也因此更为繁荣。1791 年阿斯科特一场 2 英里的赛事参赛选手达 19 位，奖金额达到了 2950 几尼斯。这时候经济效益最大的当然是博彩活动，押注及比赛结果成为庄家和马迷们最关注的事情。在利益的驱使下，违规活动开始不断涌现。1791 年，工作人员发现著名骑手切夫尼在策骑摄政王（后来的乔治六世）的马时有意不让它获胜。他们就告之摄政王，如果继续下去就没有人会愿意与切夫尼赛马。最后，切夫尼退出了比赛。在那以后，骑士俱乐部在这方面提高了警惕，但是违规行为仍时有发生。1821 年，骑士俱乐部对一个叫威廉姆·泰勒的人提出警告并禁止他进入纽马克赛马场，因为他利用望远镜偷窥马匹的速度测试为庄家提供信息。而最严重的则是后来的丹尼尔·当森，他因向赛马投毒而被处以绞刑。现在赛马制度已非常完善，药品检测及比赛的全程监控都做得比较严密，但就像是其他体育竞赛项目一样，违规行为至今是无法完全消除的。

英国最初并不对马迷的投注收税。经时任英国财政大臣的丘吉尔提议，1926 年英国通过立法，对场内、场外投注分别征收 2% 和 3.5% 的税金。该法案立即遭到许多人的强烈反对，甚至引发罢工。后来针对马迷的投注税经过了多次调整。到 1987 年，为了鼓励人们多去赛马场，场内投注税停收，但场外投注税仍高达 6.75%。20 世纪 90 年代，为了逃避税收，一些大庄家移往海外避税。英国国内业界也呼吁政府应降低投注税以支持本土的赛马博彩业。英国政府最终于 2001 年放弃了投注税。此后赛马投注额大幅度上升，政府的赛马博彩业的税收也随之有了较大增长。

英国赛马业的税率是很低的，就近几年情况来看，税收所得在用于维持相关机构运营及赛马相关科研、教育之后就所剩无几，有时还有不足的情况。与日本和中国香港不同，英国的赛马政府干预较少，也不能从中获得多少收入。赛马在英国的价值在于，它是英国社会的组成部分，对于热爱赛马运动的民众而言它是不可或缺的。

1809 年 2000 几尼斯开始举办，5 年后则开始了 1000 几尼斯。这两项几尼斯赛事，连同上面提到的圣·里格、奥克斯和德比，形成了英国最负盛名的五大经典赛事。

英国现代赛马主要分为平地赛和障碍赛两种，平地赛主要为纯血马速度赛，障碍赛与平地赛联系不多，发展也比较缓慢。障碍赛源于英国、爱尔兰早期的骑马打猎活动。猎人们在赛道上设置跨栏、石墙、木桩、水坑等障碍物，模拟狩猎环境以测试坐骑的速度。最早记录的障碍赛是在 1752 年的爱尔兰，赛程设在两座教堂之间。在那大约 40 年后英国开始有了障碍赛。第一次在赛道上设置专门制作的障碍物是 1811 年在贝德福德举办的一场比赛。1829 年和 1831 年又分别在利物浦和切尔滕纳姆举办了障碍赛。最著名的障碍赛是英国全国大赛。一般认为全国大赛起源于 1839 年在利物浦的恩特里举办的一场比赛，但也有研究认为 1836 年举办的利物浦障碍大奖赛才是全国大赛的前身，只是在 1847 年进行了改名。障碍赛一直在动物福利及赛事的危险性等方面存在很大争议，曾经一度险遭废止。马视觉很弱，它在起跳时基本是看不到障碍物的，完全是凭记忆，所以很多人觉得障碍赛从一开始就是个愚蠢而莽撞的活动。从 20 世纪起，反对者越来越多。1922 年的一场比赛中 32 匹赛马只有 3 匹没有跌倒，这些都是动物保护组织所不能容忍的。由于时有马匹因比赛而死亡，恩特里的栅栏也曾饱受非议。由于各方面的压力，障碍赛规则及障碍物形式从 1863 年开始做过多次修改。1960 年在经历了一系列死亡事件后，障碍赛中原本垂直的栅栏在起跳一侧被改成了斜面。也有人认为障碍赛的事故不能归结于比赛本身，主要是由于参赛者技能的缺陷。虽然矛盾存在，障碍赛还是拥有很多爱好者。

障碍赛中有一种相对较简单的跨栏赛。跨栏赛栅栏比较矮，对马的素质要求相对也较低。跨栏赛常作为对马匹的训练，以培养它们以后参加难度更高的障碍赛的能力。此外，还有一种供业余人士参与的障碍赛，称作点对点赛，即骑马在乡村的两点之间笔直穿行。虽是业余，点对点赛仍由英国赛马管理局主管。

赛马和板球一样都是英国的传统体育项目。在最重要的民族体育项目的取舍上，英国人总是存在一些分歧。有的人认同赛马，而有些则支持板球。但是相对来说赛马吸引的观众更加广泛，赛事也更加隆重。赛马在英国历史上是不同阶层、地域、信仰的人们交流的纽带，对英国社会的发展产生了深远的影响。或许你对赛马博彩并无兴趣，但是在英国赛马无处不在，报纸、广告、甚至香烟卡片上都可以看到赛马的踪影。更为重要的是，赛马不但是英国的"国粹"运动，还广泛地影响了全世界。

美国赛马的历史发展

美国作为一个经济大国，赛马业也十分发达，在赛马的数量与质量上都处于世界领先地位。与许多国家相比，美国的赛马历史并不很长，但丰富的赛马类型，先进的育马技术，卓越的马匹质量及其广泛的影响力，使得美国成为当之无愧的赛马界之翘楚。

北美大陆曾是马属动物的发源地之一，但到全新世时美洲的马匹基本绝迹。16 世纪西班牙人将西班牙马引入北美，形成了现今美国西部的野马群。英国殖民者进入后，逐渐引进阿拉伯马、纯血马等优秀品种，现代赛马开始在北美大陆活跃起来。17世纪中期，南部殖民地的种植园主之间进行了一些赛马活动，这是所知的北美最早的比赛。但在这之后不久，殖民地开始禁止在公共场所进行赛马。这一时期一般民众是不允许赛马的，赛马成为了当时所谓"绅士"阶层的活动。很快赛马在北方也逐渐流行起来。在纽约州长理查德·尼克尔的大力推动下，1665年在长岛的亨普斯特德建成了美国第一个赛马场，尼克尔以英国的赛马胜地纽马克为之命名。

原产西班牙的洁白利皮扎马群，要留至少一匹枣色的骟马做种马

18世纪30年代开始，美国不断从英国引入纯血马。纯血马的培育极大地刺激了人们对于赛马的兴趣。1732年南加州的查尔斯顿创办了第一个赛马俱乐部。而后1743年，马里兰俱乐部则在安纳波利斯成立。那时使用过的安纳波利斯会费杯的银质冠军奖杯现在还陈列在贝尔的摩艺术博物馆中。美国首任总统乔治·华盛顿同样热爱赛马，在1771～1773年期间经常参加马里兰赛马俱乐部的比赛，很可能他还是一些赛马的马主。安纳波利斯的赛事曾在美国独立战争时期被搁置，1782年战争结束后才得以恢复。当时华盛顿的弟弟查尔斯·华盛顿在弗吉尼亚西部的一个小镇举办了近10年的赛马会，查尔斯镇赛马由此得名。在查尔斯镇，大部分东西都以查尔斯·华盛顿的名字命名。

19世纪40年代，赛马在路易斯安那州的新奥尔良已成为最受欢迎的运动。1838年，梅泰里赛马场在杰弗逊教区的梅泰里山区建立，成为南部赛马业的中心。1851年该赛马场被纽约人李查德·腾·布鲁克为首的财团收购。腾·布鲁克对马场设施进行了扩建，并为女性设立了专门的休息室，赛马场经营得越来越出色。1852年9月25日，新奥尔良的联合赛马场开始举办赛马。这一年，该赛马场开始了标准竞赛马比赛（快步赛），而1853年1月则开始举办纯血马赛事。1857年这个马场因为经济问题最终关闭。两年以后，它又以克里奥尔赛马场的形式出现，1863年又更名为凡尔哥朗赛马场。

南北战争（1861～1865）摧残了盛极一时的梅泰里赛马。财产虽然保全了下来，而马场却被夷平，最后成了一块墓地。据称现在墓地的道路就是以前马场的赛道。美国各地赛马在内战期间均遭受了严重破坏，南部尤甚。南部的许多赛马场在内战期间都倒闭了，原本应驰骋在赛马场的纯血马上了战场。北方军队在攻入南方后，大量赛马资源流入北方，这就使得北方的纽约、新泽西、马里兰、俄亥俄、伊利诺斯和肯塔基等地的赛马业繁荣起来。而南部传统的赛马地区如路易斯安那、田纳西等地则从此衰落了。

虽然在内战之前，赛马就已成为美国广受欢迎的消遣方式之一，但是有组织的赛马真正发展起来还是在内战以后。在之后的几十年间，随着工业经济的发展，尤其是博彩活动的引入，美国赛马业迅速壮大起来。到1890年止，全国总计有314家赛马场。然而赛事及赛马场的增多也让各地赛马局面更加混乱，犯罪活动时有发生。在这种形势下，建立一个统一的赛马管理机构就十分必要了。1894年，马场主等赛马界一些重要人物聚集纽约，参照英国的形式建立了美国骑士俱乐都（American Jockey Club，AJC），AJC迅速制定了赛马法规，并掌管了纯血马血统登记簿，有效地维护了赛马、育马秩序，使美国赛马业得以快速发展。

最初美国博彩采用的是英国的庄家形式。20世纪初，美国反赌声浪高涨，各个州几乎都开始从法律上禁止赌马。到1908年，赛马场迅速下降至25家。这一年肯塔基德比引入了巴黎共利法博彩方式，各州大多表示在上交一定税收的前提下允许这种形式的博彩，于是一些赛马场又开始运营起来。在第一次世界大战和第二次世界大战之间，赛马业异常繁荣，人们对赛马的热情高涨，尤其一些名马参加的赛事总能吸引大量的观众。20世纪60年代和70年代观众少了很多，但到80年代名马塞克瑞特、塞特尔·斯罗和爱费默德以及"三冠王"赛事的冠军都吸引了大量观众，到20世纪90年代末又开始有所下滑。

德国赛马的历史发展

18世纪，法国是世界最大的马术中心。当时的德语区最有名的骑术中心是巴伐利亚州的柯堡和奥地利的维也纳。大批教员都有在法国凡尔赛皇室骑术学校学习的经历。1789年法国大革命爆发后，许多隶属于皇家的马术学校不得不关闭，不管马来自农田还是凡尔赛，他们的主要职能无非两种：战马或运输工具。在此期间，大批在法国学习和工作的德国人回国，再加上德国王室执政稳固，马术传统得以保留并发展。1788年，普鲁士国王弗里德里希·威

特雷克纳马（东普鲁士马）

廉二世选中现勃兰登堡州的诺伊施塔特建设皇家马场，如今这里是德国最大的马场，占地420公顷，在"二战"结束时曾经被划归苏联管辖，但当地人用3瓶烧酒的代价从军官手里换回了它。

威廉二世当初建立如此大规模的皇家马场，首先还是为了培育优秀的骑兵部队。到了"一战"时期，装备坦克、摩托车等机械化装备的部队渐渐取代了骑兵的职能，军队对于战马的需求日益减少，使得马除

了农用之外，越来越被归入审美和日常生活的范畴。民间对于马术的兴趣也越来越大。1905 年，德国骑术协会在北莱茵－威斯特法伦州的瓦伦多夫成立，传统盛装舞步、障碍赛、马上杂技和马车都属于该协会致力的范围。到 2009 年，该协会旗下共有 17 个州马协，403 个县马协，以及 7429 个大大小小的骑术协会。约 75 万人（其中 70% 是女性）和 3800 多个相关企业在该协会注册，是世界上规模最大的马术协会。如今，这个协会还负责指导会员饲养和训练马匹，制定和修改马术比赛规则，旗下还有一个马术出版社。

全球最大的个案研究公司益普索曾经做过一个统计，德国 14 岁以上人群中，有 124 万人经常骑马，如果算上 14 岁以下的孩子，骑马的人能有 170 万。按照德国总人口 8226 万人计算，每 48 个人里就有一个经常骑马的人。同一份报告还显示，德国马的数量超过 100 万匹，这是 40 年前数量的 4 倍。按照德国奥委会公布的数字，在 15 岁到 18 岁的少女中，马术是第二受欢迎的体育项目。而在 19 岁到 26 岁这个年龄段，马术是德国年轻女性的最爱。很难想象在德国马术是如此受欢迎，在所有的 75 万马术人口中，一半以上（约 38.5 万人）在 26 岁以下。

庞大的群众基础，科学的马匹繁育和优秀的运动员传统造就了德国在马术竞技项目上的辉煌。1936 年柏林奥运会，德国曾经凭借东道主优势，一举包揽马术比赛的 6 枚金牌，这在奥运马术赛历史上前无古人，后无来者。战后，在东德还认为赛马是"贵族运动"而加以抵制的时候，联邦德国运动员莱纳·克利姆克就已经登上了奥运会马术障碍赛的冠军宝座。从 1964 年东京奥运会到 1988 年汉城

原产德国的奥登堡马

奥运会，克利姆克一共摘得 6 金 2 银，是奥运会历史上获得马术比赛奖牌最多的运动员，人称"盛装舞步之王"。1988 年他摘得第六枚金牌的时候，已经是 52 岁的高龄了。1999 年克利姆克因心脏病去世，一年后，他的女儿英格丽·克利姆克代表德国参加了悉尼奥运会的马术项目。在北京奥运会上，她作为德国队成员赢得了盛装舞步团体金牌。德国马术界另一个不得不提的运动员是鲁德格·比尔鲍姆，在莱纳摘得最后一枚金牌的 1988 年，鲁德格参加了属于自己的第一届奥运会，至今他已经参加了 6 届奥运会，在马术障碍赛上摘得过 4 枚金牌。

4 届奥运会金牌得主鲁得格·比尔鲍姆

同时他还是著名的训练师，拥有自己的马场，如今参加奥运会的德国马术选手中，许多都是他的学生。如今他在中国推广马术运动，也在设法帮助一些中国选手提高竞技水平。

澳大利亚赛马的历史发展

赛马是澳大利亚第三大产业，仅次于羊毛和矿业。而作为一项体育活动，赛马是澳大利亚继澳式橄榄球和板球之后最受欢迎的运动项目。澳大利亚主要进行纯血马赛，除维多利亚州和南澳大利亚州有障碍赛外，其余均为平地赛。澳大利亚赛马规模居世界前列，其参赛马数量仅次于美国，而其每年的奖金总额居世界第三。

作为英联邦国家，澳大利亚赛马源于英国。1788 年 1 月，为流放囚犯，英国人菲利普船长率船队到达澳大利亚杰克逊港，一些马匹也随船队引入澳大利亚。后来这群人建立了英国在澳洲的第一个殖民地，赛马作为英国人的娱乐活动也渐渐地被引入到了这块孤立的大陆。可以说，赛马与澳大利亚相伴而生，是澳大利亚历史、文化的一部分。

由于长期以来澳大利亚各地区赛马独立发展，各州赛马都有其相对独立的历史。

19 世纪初期，悉尼的赛马业就已经发展起来了。1810 年 10 月，澳大利亚总督麦觉里视察悉尼，随访的第 73 团官兵在悉尼的海德园组织了澳大利亚第一场官方赛马会。1840 年 3 月，赛马机构澳洲赛马委员会成立，以发展殖民地的赛马业。到 1842 年 1 月，由这个机构衍生出澳大利亚赛马俱乐部（Australian Jockey Club，AJC），其办公室所在地胡莫布什赛马场成为新南威尔士州赛马总部，并一直持续到 1860 年。1860 年后，AJC 迁至兰德威克。1943 年，悉尼赛马公会成立，并在罗斯黑尔园赛马场和凯特伯瑞举办赛马。这个俱乐部是后来世界上最奢华的 2 岁马赛事"黄金便鞋大奖赛"的创办者。

1900 年，AJC 首次出版了新南威尔士州赛马规则及章程。1922 年 AJC 买下了沃里克农庄赛马场，得到了进一步的发展。第一场 AJC 主办的赛马会于 1925 年 1 月 27 日举行，当时观众达 25 000 人。1948 年国会通过了一项法案，赋予了 AJC 赛马事务仲裁的权利，新南威尔士州的赛马业更加兴盛，这一年超过 90 000 人参加了唐卡斯特赛马节，当时通过赛马场站台的电车多达 400 辆，场面蔚为壮观。

1977 年 5 月，智能化赛马赌金计算器引入兰德威克，便捷、高速的操作及计算加上海量信息存储能力，使得投注额由 1976 ~ 1977 年度的 2680 万美元增加至 1977 ~ 1978 年度的 4590 万美元。1979 年首次举办了 AJC 秋季德比赛，观赛者甚多。英国女王伊丽莎白二世曾多次造访兰德威克，1969 年 8 月 4 日以她名字命名的看台建成，这个花费了 460 万美元的看台开始面向公众开放。1992 年 2 月 22 日她再次参观了兰德威克。为此，赛马场专门修建了一个价值3000万美元的小围场看台。20世纪90年代对于新南威尔士的赛马业来说是一段低迷的时期。1997年，新南威尔士赛马委员会成立，接管了该州赛马事务，而AJC则居于次要地位。

维多利亚州被视为澳大利亚赛马之乡。维多利亚州官方赛马开始于1838年3月，当时是在墨尔本巴特曼山上的赛道上举行的。位于费明顿的维多利亚赛马俱乐部（Victorian Racing Club，VRC）是1864年由原维多利亚骑士俱乐部和维多利亚州赛马公会合并而成。早期维多利亚州的赛马事务主要由VRC掌管。2001年12月17日，维多利亚赛马有限公司（RacingVictoria Limited，RVL）注册成立。12月19日，RVL成为维多利亚官方纯血马赛管理机构。RVL是在各赛马俱乐部，赛马业实体以及政府的支持下成立的独立机构，其职责是推动和管理维多利亚州赛马业。除VRC外，维多利亚州影响较大的俱乐部还有考菲尔德的墨尔本赛马俱乐部和号称澳大利亚年龄负重赛发源地的慕尼谷赛马俱乐部。

昆士兰最早记录的有组织的赛马是1843年在库珀平原举行的。1863年，昆士兰最有影响的赛马俱乐部"昆士兰赛马公会"成立，该俱乐部在1865年举办了昆士兰第一场官方赛马会。1866年，名马弗里斯特赢得了第一届布里斯班杯，昆士兰人对赛马的兴趣逐渐浓厚起来。1923年，昆士兰又成立了布里斯班业余赛马公会。1878年，世界上第一个赛马投注计算器（Totalisator）在布里斯班西部的伊普斯威奇(Ipswich)亮相。昆士兰对投注计算器的普及起到了重要的推动作用。

1962年，昆士兰开始通过博彩代理委员会（Totalisator Agency-Board，TAB）进行场外投注，以逐步取代不合法的地下博彩方式，增加了俱乐部及政府的财政收人。后来，TAB倡导的巴黎共利法逐步发展为主要的投注方式。1977年，TAB开始采用电话投注，1980年开始了电脑投注。现在该组织则充分利用因特网等先进信息技术进行投注。TAB的成立将赛马的影响由赛马场扩展到了公众日常生活的各个角落，赛马在昆士兰经历了历史性的变革。尤其在 1999 年 TAB 经昆士兰政府同意实现私有化后，投注收入的多少成为关系到赛马产业存亡的关键因素。

昆士兰的赛马业不断发展，相关设施也逐渐完善。赛马发展基金成立于 1981 年，基金主要用于赛马设施的更新，马匹繁育等赛马相关投资。1989 年监管违禁药物检测的赛马科学中心成立，为赛马的公正性提供了技术保障。早期昆士兰的赛马由 5 个主要的赛马俱乐部管理，到 1990 年这种体制已逐渐不能适应赛马业的发展。经过一段时间的磋商，1992 年昆士兰第一俱乐部成立，成为掌控昆士兰赛马的新机构。

南澳大利亚第一次赛马是 1843 年在阿德莱蒂举行的。该地区的赛马由南澳大利亚赛马有限公司掌控，其主要俱乐部有奥克班克赛马俱乐部和成立于 1856 年的南澳大利亚赛马俱乐部。塔斯马尼亚州有组织的赛马最早是 1814 年在霍巴特附近的约克镇举行的。塔斯马尼亚赛马公会成立于 1871 年，而最重要的俱乐部塔斯马尼亚赛马俱乐部到 1874 年才成立。澳大利亚西部地区 1836 年开始纯血马赛，这也是澳大利亚最早的纯血马赛。西澳大利亚赛马公会成立于 1852 年。1883 年，192 个乡间俱乐部注册接受澳大利亚赛马俱乐部管辖。在北领地，达尔文赛马公会成立于 1955 年 3 月。

总体而言，澳大利亚马业最为发达的地区集中在东北部的维多利亚、新南威尔士、昆士兰等地。其中以维多利亚州的墨尔本杯最负盛名。墨尔本杯是澳大利亚最重要的年度纯血马赛事之一，被誉为"倾国之赛"，该赛事的魅力由此可见一斑。

澳大利亚名马很多，成绩都十分优秀。1879 年出生的玛鲁是澳大利亚最为出色的纯血马之一，多次获得平地赛及 VRC 国家越野障碍赛冠军。后来玛鲁也成了一匹重要的种公马。具有传奇色彩的新西兰培育的赛马卡宾是早期澳洲赛马公会赛冠军，最后进入了澳大利亚和新西兰的名马堂。塔洛克是澳大利亚第一匹奖金超过 10 万英镑的赛马，同样也是澳洲赛马公会赛冠军。澳大利亚最有名的赛马是法莱珀，曾负重

62.5 千克获得 1930 年的墨尔本杯冠军。1932 年，法莱珀到北美参赛时因不明原因地突然死亡，令澳大利亚广大马迷大为震痛。对其死亡的种种猜测与惋惜让法莱珀成为了澳大利亚马迷心中的悲壮英雄，法莱珀也成了澳大利亚赛马业的标志性词语。

在纯血马登记方面，新南威尔士的登记簿于 1850 年出版，成为殖民地纯血马系谱最早的官方记录。随后在 1864 年，维多利亚州也开始出版血统登记簿。澳大利亚血统登记簿（Australian Stud Book，ASB）始于 1878 年，最初是墨尔本纯血马经纪人威廉姆·由尔出版的私人记录。第 7 卷澳大利亚纯血马登记簿出版后，新西兰的马匹也被收录其中。后来，澳大利亚纯血马登记簿的版权卖给了现在掌管赛马繁育的 AJC 和 VRC。在澳大利亚，赛马注册机构管理赛马的命名、注册、租赁和交易等活动。除纯血马外其他赛马品种也需注册。

澳大利亚主要有两类博彩方式。最流行的是由 TAB 控制的巴黎共利法的博彩方式，大约占总投注额的 70%；其次是庄家投注的方式。在赛场内，庄家可以固定赔率吸纳投注，多以猜头马和前两名为主；场外则是由各州政府 TAB 运营的巴黎共利法的博彩方式。现在很多 TAB 都已经私营化，而且很多酒店现在开始提供投注服务。此外还有合法性受质疑的场外 SP（Starting Price，开赛固定赔率）和通过因特网个人之间打赌方式的赌马。

日本赛马的历史发展

日本是世界赛马业最为发达的国家之一，其赛马质量及规模均居世界前列。日本有着一套由政府主导的赛马体制，拥有成熟的育马技术。赛马不仅成为了人们不可或缺的娱乐方式，同时也是日本重要的财政来源。

日本现代赛马最早也是由外国人引进的。1862 年，住在横滨的西方侨民开始举办赛马，1870 年后就陆续出现了模仿横滨赛马的赛事。当时日本赛马属于纯娱乐性，未加入商业元素。由于完全依靠资助，经常会出现经费不足的现象。于是，日本赛马界开始有了举办西方式赛马以创收的想法。日本现代赛马的真正发展则是在甲午战争及八国联军侵华之后。当时日本地方马匹体格较小，在战争中劣势凸显。有人提出举办现代赛马来提高日本马匹质量，缩短与欧美国家的差距。政府为鼓励赛马业，对博彩赛马采取了默许的态度。1906 年东京赛马会举办了日本第一场发行投注马票的比赛，自此在日本掀起一股赛马热潮。然而随之出现了不少社会问题，许多人因为赌马成瘾而导致倾家荡产，加之日本现代赛马经验不足且法律不健全，赛马团体不断增多导致赛马业秩序混乱，出现了许多违规行为。2 年后，日本出台了全面禁止各种形式赌博的新法律，政府禁止了马票的发售，并将赛马俱乐部数量限制为 11 个。这种不含博彩的赛马在日本艰难维持了 14 年。为维持赛马并改良马匹，日本政府每年给予一定资金补助。

1923 年，日本赛马界各方要求恢复博彩赛马。政府考虑到改良马匹的需要，在这一年颁布了《赛马法》，该法规定札幌、函馆、新潟、福岛、小仓、中山、横滨、京都、阪神、东京、宫崎等 11 个赛马俱乐部可以举办博彩性质的赛马。此时《赛马法》还未将地方赛马列入其中。到 1927 年，日本制定了地方赛马规则。1936 年，《赛马法》进行大幅度修改，全国 11 个赛马俱乐部在 1937 年解散，合并成了半官方、半民企的"日本赛马会"。修改后的《赛马法》对日本赛马会的性质、权利、义务及赛马的具体实施方法都进行了详细规定。有了法律的规范，日本赛马在良好的环境下开始迅速发展，1941 年日本赛马达到了一个顶峰。

赛马业的发展需要有兴盛的经济，和平稳定的社会环境。在第二次世界大战期间，日本将全部精力投入到侵略战争中，赛马因此而遭到严重破坏。一方面，日本在侵略战争中军费猛增，政府为弥补财政赤字大幅度提高税收。赛马税率由原来的 1% ~5% 激增到 18%，而得奖马迷还需要从奖金中拿出 20% 上税，在政府的压榨下赛马业一度面临倒闭。

另一方面，当时动荡的社会环境也使赛马变得十分艰难，赛马场人员应召入伍，而赛马也被军队征用。在战争的后期，美国飞机经常对日本本土进行轰炸，赛马最终被迫停止。然而在这种情况下，日本还是有意保留了赛马的基础。当时规定最优秀的骑手不上前线，马匹也照常繁殖并做性能测定。这些措施使得日本赛马业在战后得以较快恢复。战后最初的几次赛马是由驻日美军组织的，这些赛事的成功举办对战后日本赛马的复苏起到了刺激作用。1946 年和 1947 年一度有 4 个赛马场得到恢复，但不久日本赛马会即被解散。1948 年新的《赛马法》颁布，政府接管日本赛马会一切资产，确立了国营赛马（后称中央赛马）及地方赛马这两个赛马体系。1954 年日本颁布了《日本中央赛马会法》，政府全额出资的特殊法人——日本中央赛马会（Japan Racing Association，JRA）在这一年成立，并继承了国营赛马。1962 年地方赛马全国协会（National Association of Racing，NAR）成立，自此两大赛马系统确立并日趋完善，日本赛马进入新时期。战后日本经济的快速增长使之迅速成为世界经济大国，赛马业也在这一利好环境下得以恢复、发展。在积极改良马匹、壮大本国赛马业的同时，日本还十分注重本国赛马在国际上的影响。从 20 世纪 50 年代开始，日本积极参加国际赛事，并邀请国外马匹到日本参赛。此外，日本还积极出席、举办赛马界的各种国际会议，不断增强本国在国际赛马界的影响力。1992 年国际赛事分类标准委员会将日本杯列入国际 GI 赛事。随后日本多项大奖赛列入了国际赛事。

发展至今，日本赛马主要分为中央赛马及地方赛马，前者由 JRA 负责，后者由 NAR 及地方赛马团体负责。JRA 与 NAR 同为农林水产省下属机构，其主要领导由农林水产省直接任命。JRA 负责中央赛马的举办，投注服务，马场的运营，各类注册业务以及执照的发放等。中央赛马会将马票销售额的 10% 上缴国库，另外还大力支持马匹改良，振兴畜牧业，发展马文化等。同中国香港赛马会一样，日本中央赛马会也致力于社会公益事业。NAR 的主要职责为马匹、马主等赛马相关人员的注册及执照的发放，其运营目的是为地方自治体财政作贡献。NAR 将

盎格鲁－阿拉伯马跨越障碍

销售额的 23.6% 上缴地方自治体。中央与地方两个体系在赛马形式等方面也有所区别，JRA 举办纯血马平地赛与障碍赛；NAR 举办纯血马与盎格鲁－阿拉伯马的平地赛和马拉橇赛。JRA 平地赛一半为草皮跑道赛事，一半为沙地跑道赛事；NAR 的平地赛除盛冈赛马场外均为沙地跑道。按规定，JRA 每年可举办 36 个赛程的赛马，每个赛程最多为 12 天，每天不超过 12 场，全年可举办 288 天赛马，NAR 每个赛程最多为 6 天。无论 JRA 或 NAR，赛事前五名的马主都可获得一定奖金。JRA 奖金十分丰厚，最高达 2.5 亿日元，最低为 400 万日元，NAR 则由于举办赛事的团体不同而比赛奖金差距很大，但一般都大大低于 JRA 的奖金。就总体而言，日本赛马的奖金是全世界最高的。

韩国赛马的历史发展

韩国的赛马可以追溯到 1898 年 5 月。最初的比赛是纯娱乐性的，并不含博彩。1910 年日本占领了朝鲜，对其赛马业产生了影响。1920 年起，朝鲜赛马活动中引入了博彩，已形成现代赛马雏形。两年以后朝鲜赛马俱乐部建立，使朝鲜的赛马业走向正规化。1923 年赛马界正式引入巴黎共利法，作为其法定的博彩方式。1928 年新设洞赛马场正式开放，同时政府也允许合资的赛马俱乐部开办属于他们自己的赛马场。在日本殖民统治期间，1933 年颁布了赛马行业的法令，规定只有合资的赛马俱乐部才享有举办赛马比赛的资格，同时建立了朝鲜赛马协会，负责管理全国各地的合资赛马俱乐部。1945 年朝鲜在二战后重获独立，但国家分裂。半岛北部的朝鲜民主主义人民共和国禁赌，赛马停止；而南部的韩国则将赛马协会更名为韩国赛马局（the Korea Racing Authority，KRA），肩负起振兴国家赛马业的重任。

1950 年爆发的朝鲜战争重创了韩国的赛马业。3 年战争期间，赛马场被用作军队训练场，赛马业停滞不前。战后韩国赛马业逐步恢复，1954 年首尔建成的 Ttuksom 赛马场对这一时期韩国赛马业的发展起到了很大的推动作用。1984 年，韩国引入了计算机化的马券投注系统，大大提高了投注、博彩的效率，使投注额大增。另一个里程碑式的事件是果川赛马场的建立。作为奥运会赛场，果川赛马场从 1984 年开始建设直至 1988 年完工。奥运会比赛结束后，这个赛场更名为首尔赛马场，成为韩国主要赛马场。随着果川赛马场赛事的兴办，Ttuksom 赛马场关闭。为了保护济州岛当地的小型马，韩国马会于 1990 年 10 月在该岛建成了济州赛马场，专门举办济州岛矮马的赛事。举办赛事以来，该马品种数量开始增长。位于韩国第二大城市的釜山赛马场，于 2005 年 4 月正式开放，为韩国赛马业注入了新的活力。近年来，韩国的赛马逐步走向国际化。2004 年 6 月国际赛马联盟正式认证了韩国的赛马级别，并从 2005 年开始在其蓝皮书中增加了 7 个韩国等级赛事。2005 年 5 月韩国举办了第 30 届亚洲赛马会议。

韩国的赛马业由 KRA 统一管理，KRA 是韩国政府依法成立的国内唯一可以经营赛马赛事的管理机构。KRA 受到政府相关部门的指导和监督。KRA 的理事长是由选举委员会从候选人名单中选举出来的，选举结束后提名者还必须得到韩国总统的认可。实际上，很多情况下，KRA 的理事长是由韩国政府指定的。

中国赛马的历史发展

中国内地赛马

中国马术运动源远流长，中国唐朝盛行的马球与马技运动足以说明中国的马术历史已有1300多年了。近代中国马术运动是建立在传统民族体育项目和军事体育训练的基础之上的。

新中国成立后，尽管体育竞技类赛马有所恢复，但并没有开展西方模式的商业性赛马，博彩性的活动更是被明令禁止。

1953年首届民族运动会上，就有马术表演，1959年中国第一届全运会，马术被列为正式比赛项目，共有13个队300余名骑手和400多匹马参赛，成为新中国成立以来第一次大规模的马术盛会。

20世纪70年代末，马术运动重新得到发展和振兴，1979年中国马术协会成立，1982年国际马联正式接纳中国马术协会为会员，为中国马术运动揭开了崭新的一页。1984年以来，中国马协每年举办一次全国马术锦标赛，以场地障碍赛为主，辅以速度赛马，随后又增加了盛装舞步和三日赛，至此，奥运会三个马术比赛项目已全部在我国蓬勃开展起来。从1992年起，连续举办了五届"内蒙古国际马术邀请赛"。1997年在韩国举行的第一届亚洲锦标赛上，我国优秀马术选手张河夺得场地障碍赛B级赛的冠军。

尽管中国目前马匹数量在1000万匹左右，占世界总数的六分之一，但不具备现代马术所用马的专业水平，因此中国马协依然从香港引进退役马匹，近年来香港马会为中国内地提供了数批赛马。1996年澳门赛马会赠送北京马术队部分退役赛马，并出资赞助内地赛事。由于得到国家的重视和港澳马术界人士的广泛支持，使中国马术运动正朝着国际化、现代化方向迈进。近几年来，我国马协陆续接待了法国、美国、意大利、澳大利亚、英国、香港、澳门等国家和地区的国际组织人士来华访问，在彼此交流中，我们进一步了解到各国各地区开展马术运动及管理赛马业务的先进经验和技术发展趋势，对中国马术运动的开展起到了积极的促进作用。

中国香港赛马

香港赛马源于英国。第一次鸦片战争时期英国强占香港，在1841年就开始清理黄泥涌谷的一片因疟疾而废弃的沼泽地作赛马之用。当时英国的赛马已发展得相当完善，并随其殖民地的扩展而向世界传播。1842年《南京条约》签订后，香港正式被英国侵吞，随后即开始了一年一度的赛马活动。

1842年及1843年香港各举行了一次赛马，但由于当时香港的赛马场尚未建成，比赛都是在澳门举办。1844年香港黄泥涌谷排水工程竣工，到1846年12月香港在此举办了为期2天的跑马比赛，"跑马地"由此而得名。赛马场带给人们快乐，因而该地又被称为"快活谷"。1884年成立了香港赛马会以管理香港赛马，跑马地也开始有了简陋的看台。

早期华人受到歧视，马场看台有所区分，华人不可进入英人看台，而赛马会则完全由英人控制，在当时的近200名会员中，除有3名印度人外其余均为欧洲人。1925年香港华人借省港大罢工之机，自筹"华人赛马会"并申请设立赛马场以与英人抗衡。1927年初，汉口、九江先后无条件收回英租界。形势所迫，港督金文泰指示，允许华人成为香港赛马会会员。此后华人在赛马会中地位逐渐上升，到1997年香港回归时，香港赛马已由华人掌控。

早期香港赛马属于业余性质，1971年转为职业化赛马。到20世纪80年代末香港的赛马水平已经达到世界先进水平。1997年香港回归，香港的制度保持不变，赛马也照常进行。除第二次世界大战被日本占领期间外，香港赛马基本保持不断发展的态势。

早期香港赛马一年才举办一次，称为周年大赛。而第二次世界大战之前，参与香港赛马的主要是"洋人"及少数上层香港人。20 世纪 50年代后，赛马才逐渐大众化，人们对于赛马的热情越来越高。

快活谷赛马场是使用最久的马场。最早的竹棚看台在 1918 年的周年赛中坍塌并导致严重火灾，造成了重大人员伤亡。1931 年马会在快活谷赛马场修建了两座三层高的永久性看台，1957 年再改建为七层。后又经 1969 年及 1995 年扩建，现已成为世界级的赛马场。随着比赛规模的扩大，1971 年香港政府批准马会于沙田修建赛马场，1978 年正式落成启用。沙田马场有草、沙跑道各一条，两座看台共可容纳 70000 观众。至 2003 年，马场共有 23 座马房，另配备有马医院，河畔洲练跑道，赛事化验所等先进设施，场地条件达世界一流水平。

香港赛马和欧洲职业足球联赛一样是跨年度进行的。一个赛季一般从每年 9 月初开始到次年 6 月下旬结束。每逢周三、周六（或周日）分别安排夜、日赛马各一场，全季共 78 场赛事，700 多次比赛。周三的夜赛在快活谷赛马场举行，主要吸引下班的马迷观赛。日赛则在沙田赛马场举行。未举办比赛的赛马场则提供场外投注服务，并给马迷提供赛事直播。每个赛季各类比赛很多，如 2008 ~ 2009 赛季在沙田马场举行的锦标赛就有 26 项之多，其中多项为国际一级赛事。

快活谷赛马场

香港赛马全部都是平地赛，草地及沙地各有不同赛程的赛事。1971 年以前香港的骑手均为业余人员，大部分军人出身。转为职业赛后，骑手也开始逐渐职业化并有了专业培训。香港现役骑手除华人外还有大量海外骑手。骑手分为见习骑手和正式骑手，经培训获得见习骑手的资格后可以参赛，在获得一定成绩后可成为正式骑手。近年来由于竞争激烈，华人骑手受到外籍优秀骑手的挤压，骑名马的机会较少，成绩不甚理想。针对这种情况，马会允许华籍骑手负磅适量减少以对之进行扶植。

由于香港人口密度高，土地资源紧张，本地育种十分困难。1850年到19世纪末期，香港参赛马匹几乎全部来自我国东北、内蒙古和冀北等地。1900年八国联军入侵后交通受阻，澳大利亚的马匹逐渐进入香港并最终取代了中国本地马。现今香港的赛马主要来自澳洲、新西兰、爱尔兰、法国、英国、美国等赛马业发达国家。近几年还开始从南非、阿根廷和日本引进马匹。在香港比赛的马匹种用价值很低，因为大部分为阉割后的公马。除马匹外，香港的赛马教练、骑手等也大量从国外引进。香港近年来与内地合作较多，在武汉等地建立了赛马场。倘若条件成熟，利用内地资源培育优良赛马应该是不错的设想，这将大大降低香港的购马成本。

PART 3 目前状况

德国的赛马现状

　　2006 年，德国注册在案的种马约 3700 匹，母马约 7.1 万匹，在过去 150～200 年的时间里，马的育种是受政府扶持的。政府建立了属于联邦州的国有马场，直到今天，这些马场中还有优秀的温血马和纯血马的种公马。国有马场以低廉的价格向马主提供种公马，并向马主就马的繁育和管理提供技术咨询及培训服务。根据马的血统和用途，价格从上千欧元到几十万欧元不等。除了繁衍后代，绝大多数马的功能是供比赛和休闲。在马术竞技领域，德国人对于马的甄选是全欧洲最严格的，德国的马匹从幼驹开始，要分别经过 6 月龄，2 岁的体质和运动性能的检测，及稍后的马术运动及跳跃性能的测试，公马的性能测试等 4 个环节的测定。如果要参加世界性赛事，赛马更是万里挑一。德国马的品质非常优秀，雅典奥运会上 203 匹参赛马中就有 65 匹出自德国，它们在共48 项比赛中取得 18 枚奖牌，其中 8 枚金牌、2 枚银牌、8 枚铜牌。在盛装舞步中表现最好的 15 匹马中就有 10 匹来自德国，参加场地障碍赛决赛的 46 匹马中有 14 匹出自德国。在休闲领域，人们倾向于选择个头小一些也较便宜的马，一两千欧元就能买到。马术培训机构遍布全国，分支甚至渗透到 10 万人口的小城，教育加上购买马匹的花费都在一个中产阶级家庭能够承受的范围内。骑上马疾驰跨越边境，从高山直达平原，观赏沿途风光，比自驾游更亲近自然，而且在路线选择上也更自由，这已经是德国一个非常流行的旅游项目。在常见的旅游路线上，随处可见马舍和农家旅店。许多人学习骑马，最初的动力都是骑行旅游。

有数百所来自拜仁州、巴登－符腾堡州和北威斯特法伦州的中小学在德国骑术

温血马的代表特雷克纳马飞越障碍雄姿

协会注册，在体育课里加入马术内容。而在马业最兴盛的下萨克森州，从 1998 年起马术就已经和足球一样，成为中小学体育课的重要内容。联邦总统克里斯塔·伍尔夫的女儿从 10 岁时就开始学习骑马，比一般的孩子还早了 4 年。他说："学习骑马可以培养孩子的自信，让他们懂得交流和尊重。同时，他们不得不认识到集中精力的重要性，马比许多人都更敏感，你得照顾马的感受。"在马术训练课上，孩子们接触到的都是诸如"责任、纪律、耐心、自信、团队"这样庄严的概念，勃兰登堡州吕纳大学的教育学教授克里斯蒂安·乌尔教授认为，马术训练还

原产德国的奥登堡马飞跃障碍

能让孩子们更快地接受传统知识。他说："当孩子们把马和人的身体做比较的时候，他们会对生理学有兴趣，研究马厩的构造会涉及数学和建筑学内容，渐渐地他们会关心这项运动的过去，这就是历史的内容了。"政府每年会拿出几十万欧元资助这项教育。

2012 年伦敦奥运会上，德国首个马术比赛日就独揽了障碍赛、三项赛的团体和个人冠军，

而盛装舞步团体方面，德国已经连续六届获得了这个项目冠军，虽然这次被英国队击败而饮恨获银牌，但并不影响其在马术运动界的强势地位。

美国的赛马现状

美国每年举办的纯血马赛是世界上数量最多的，美国诸州共有 100 多个赛马场，每年有近 55 000 场比赛。除圣诞节这一天外几乎全年都有比赛，夏季同一时间可以有 30 多场赛事。许多赛马场会同步联播其他马场的赛事，并且会提供场外投注。但少数一些州像康涅狄克州只提供赛事联播。马匹主要培育方向就是速度，赛程也体现了这一点。在美国最常见的赛程是 6 弗浪（1/8 英里）。

美国的赛马细分有十几种，最主要的几类为纯血马赛、耐力赛、夸特马赛和快步赛。纯血马赛又分为让磅赛和限制赛。限制赛最受欢迎，奖金往往也是较高的。纯血马赛多在沙地或草地跑道上进行。耐力赛基本上都是阿拉伯马参加。阿拉伯马在 1725 年引入美国，直到 1955 年才在加州开始了正式的有组织的耐力赛事——特维斯杯。1972 年，美国耐力赛联合会（the American Endurance Ride Conference，AERC）成立，作为耐力赛的国家管理机构。1987 年又成立了阿拉伯马赛马俱乐部（Arabian Jockey Club，AJC）。

夸特马赛事最早开始于 1674 年的弗吉尼亚州的恩里科。早期要建设一条完整的跑道是十分昂贵的，人们于是开始建造 400 米也就是 1/4 英里的赛道。参加这种比赛的赛马也因此被称为夸特马。夸特马是由西班牙马血统为主的契卡索马与纯血马杂交培育而成。夸特马形体俊秀、紧凑，快肌纤维较多，特别适合短程赛马，最快速度可达 88.5 千米/小时。由于它们几乎是以最快速度跑完全程，骑手对比赛的控制相对就要少很多。美国夸特马联盟（American Quarter Horse Association，AQHA）

负责夸特马的注册工作，注册马匹数有 4 000 000 之多，在数量上来说是世界上最大的赛马注册机构。美国夸特马现已在世界范围内分布甚广，尤其德国、意大利等国数量较大。

快步赛马源于旧时人们在乡村道路或城市街道上骑马或者搭乘双轮轻便马车进行的竞速游戏。快步赛马需要以规定的步伐进行比赛，通常它们会拉着一种叫沙尔克斯的双轮车。与跨鞍类赛事不同的是，快步赛马步伐相对平缓很多。除斯堪的纳维亚半岛国家有用冷血马比赛外，大多数快步赛事都仅限于美国育成的标准竞赛马。相比纯血马而言，标准竞赛马肌肉更丰满且身体颀长，性情也更为温和，腿则相对较短。之所以被称为标准竞赛马是因为早期只有在标准时间内跑完 1 英里赛程的马匹才能作为标准竞赛马获得登记。快步赛事分为快步和对侧步两类步伐的比赛。在北美对侧步赛占快步赛事的 80% ~ 90%。

在美国最能吸引观众的莫过于"三冠王"系列赛事了，它包括肯塔基德比、普里克内斯和贝尔蒙特大奖赛。肯塔基德比是 3 岁马参加的 GI 赛事，每年 5 月份的第一个周六开始在肯塔基的路易斯维尔举行。肯塔基德比被誉为"玫瑰赛事"，获胜者将获得 554 朵红玫瑰。普利克内斯大奖赛也是 3 岁马的 GI 赛事，每年的 5 月份第三个星期六在马里兰州贝尔的摩的皮姆立科赛马场举行，胜利者脖子上将挂满马里兰州州花。贝尔蒙特大奖赛每年的 6 月份在纽约的贝尔蒙特园举行。历史上三冠王各赛事的时间虽有所变动，但都集中在 5、6 月份进行，依次晋级获得三大赛事的冠军即可获得"三冠王"的称号。

纽约州的萨拉托加赛事也十分出名，赛场位于阿迪朗达克山与卡茨基尔山之间。该赛事从 7 月底开始持续 36 天。萨拉托加赛事举行时正好天气和暖、芳草萋萋，大量休闲度假者涌入当地，赛马场也因此热闹非凡。但是在纽约南部地区，许多赛事每年持续 6 个半月，到冬季寒风刺骨，时常还会有暴雪天气，赛马场内的马迷相对就少了很多。气候和自然环境对赛马的影响是很大的。在肯塔基，适宜的气候，肥沃的土壤以及优美的风景使得它很适合培育赛马和举办赛事，尤其是该州中部地区育马、赛马业最为发达。肯塔基也因此成为美国赛马业的核心地区。

除了德比赛外，肯塔基还有许多历史悠久的赛事。1831年，菲尼克斯大奖赛在肯塔基联盟赛马场举办。而后该赛事时断时续多年，最终演变成了今天的菲尼克斯育种者杯。菲尼克斯育种者杯每年的10月份在肯尼兰举办，是美国现存最古老的大奖赛。

加利福尼亚州南部的德尔玛可以说是萨拉托加的副本，该处赛马场是由包括歌影明星平·克劳斯贝在内的一些人在1937年建立的。德尔玛的赛事从每年的7月末一直延续到9月中旬，共42天。这里离太平洋不到1英里，他们的广告标语也因此做得十分响亮——"When the surf meet the turf"（当海潮碰上跑道）。德尔玛与好莱坞园、圣安妮塔一起成为南加州赛马三大胜地。

美国的赛马质量可以说是全世界最好的，在2009年世界纯血马排行榜中，美国无论从产地还是从训练地来说入榜赛马数都遥遥领先。赛马业也给美国带来了可观的经济利益。赛马业提供了上百万个就业岗位，在肯塔基、加利福尼亚等地区赛马业还是州政府税收的主要来源之一。美国人对待赌马与赌博的态度截然不同，虽然在美国许多州赌博是合法的，但赋税高达60%。美国人更多地是将观看赛马作为娱乐或交际活动，而并不看重其中的博彩成分，这也是赛马业在美国得以健康蓬勃发展的重要原因。

韩国的赛马现状

韩国主要有三大赛马场，即首尔、釜山、济州赛马场。首尔赛马场距离城市果川不远，曾叫果川赛马场。首尔赛马场的马厩可容纳1400多匹赛马，占地面积100多万平方米，有两个沙地赛道。内侧赛道和外侧赛道的长度分别为1600米和1800米。两个赛道都有25米宽，在距离终点400米的时候才加宽到30米，以便选手终点前的冲刺。首尔赛场有两个看台，分别可容纳35000人和42000人。两个看台都设有娱乐设施。游客区在赛区的内部。游客可以欣赏到赛场的特色景点，其中包括玫瑰园。孩子们也有娱乐的地方，他们可以在赛马场骑小型马或赛马模拟器。随着季节的变化，赛场提供的娱乐方式也有所不同，在夏天的时候游客可以游泳，冬天则可以溜冰。首尔赛马场附近的马博物馆有展品1400多种，不少都具有悠久的历史。釜山赛马场可以容纳32000人，内设2000米的沙地赛道，该赛马场设有一个看台，其内设施齐全。该赛马场的马厩可容纳1000匹马。釜山赛马场设有马的主题公园，也有一些娱乐设施。济州赛马场设有1600米长的沙地赛道，可以容纳3000多名马迷的看台和饲养500匹赛马的马厩。济州赛马场还设有动物园等娱乐场所。

韩国的赛马主要以纯血马的平地赛事为主，此外还有济州赛马场的本地矮马的赛事。这两类赛事的赛制也有所不同。从2004年开始，韩国采用自己的分级标准进行纯血马比赛。该分级标准将赛事分为1~3级和排名赛，与国际通用分法类似。比赛一般在每周的周六及周日举行，但有时在法定假日会有例外。在比赛日，平均每天会有12场比赛，场次之间有30~35分钟间隙。在7月中旬到8月中旬天气比较热的时候，赛马比赛一般在晚上举行。

韩国在20世纪90年代开始繁育纯血马。在赛马之初，韩国主要从美国、日本、澳大利亚和新西兰等国家引进马匹。在韩国政府的支持下，通过KRA的不懈努力，韩国的纯血马繁育业终于在最近10年取得了较大进展，全国已涌现出不少纯血马的繁育场。1995年KRA在济州岛开设了济州种马场和马匹训练中心，为韩国马主提供配种服务和马匹训练指导。济州种马场还向育马者购买幼驹，经过训练后再进行拍卖。韩国纯血马繁育业的规模不断扩大，种公马、繁育母马、产驹数分别从1999年的23、866、578匹跃升为2009年的97、2276、1323匹。济州岛是韩国最大的赛马繁育地，庆州、全罗北、江原则是韩国大陆上主要的赛马繁育地区。

韩国赛马业与其近邻日本有着深厚的渊缘，尤其是在现代赛马体制上借鉴了日本的经验。近几十年来韩国的赛马业已有了很大发展，至

2008 年其投注额已位居世界第七位，达到 40 多亿欧元，赛事水平也有了很大提高。现在韩国的赛马不仅已成为大众喜闻乐见的娱乐方式，而且它还促进了旅游业的发展，对推动韩国经济增长，促进就业都做出了贡献。而且 KRA 还将赛马业收益的很大一部分用于慈善事业，包括资助贫困农区的学生上学等。这些善举有利于韩国社会的稳定和和谐发展。

中国的赛马现状

中国大陆的赛马现状

1992 年，中共中央、国务院下发了《关于坚决制止赛马博彩等赌博性质活动的通知》，但之后不到两年，作为中国改革排头兵的南方重镇广州就开始了博彩赛马的试点。广州从 1993 年正式举办赛马活动到 1999 年底关闭，前后经营博彩赛马共 7 年时间。具体负责赛事管理和运作的广州赛马会（其经济实体名为"广州市赛马娱乐总公司"）成立于 1993 年初，由广州市政府直接领导。马会创立之初就确立了比赛的公开性，竞争的公平性，收入的公益性的经营理念。广州赛马会在广州市天河区建立了现代化的赛马场和训练基地，并按照现代赛马的标准，建成了能容纳 4 万人以上的看台和赛马全程的监控系统，拥有赛马千匹以上。马会还在全市设立了 100 多个投注站。赛马场每周开赛 2~3 次，赛事分别于每周二、周四及周日举行，分为日赛和夜赛。鼎盛时，观赛的马迷达万人以上，一天投注额高达 1 000 万元。在赛马收益方面，广州赛马会将投注额的 70% 返回给投注获胜者，10% 用于马会经营和运作的费用，20% 用于市政建设和社会福利事业。作为中华慈善总会的会员，广州赛马会在其运作赛马的 7 年里，向中华慈善总会捐赠 3 亿元，用于赈灾、教育、扶贫等，此外其捐助的领域还包括体育活动、卫生医疗、公共交通建设等方面。广州赛马会还解决了几千人的就业问题。广州赛马曾造成了一定的国际影响，不少西方国家对此进行了报道。

但广州赛马宏大的场面和鲜亮的外表下却一直隐藏着危机，因为广州的赛马是在尚无相应法令明确支持的情况下开展起来的。为了规避政府的禁赛政令，赛马娱乐总公司先是将"投注博彩"改为"智力测验"，后来又改为"门券对实物奖"等形式，并在广东省境内增设多处场外投注站，继续坚持博彩性质的赛马。此外，尽管广州赛马会在建立之初就确立了公开、公平、公益性的经营宗旨，但在内部管理权力、资金流向等重要方面出现了监管制度的缺失，且马会的领导层在巨大利益的诱惑下缺乏自律，出现了利用职务之便收取巨额贿赂，挪用巨额公款，生活腐败等问题。广州的赛马在 1999 年 12 月 14 日终于跑到了尽头。赛马场停止举办赛事，原董事长身陷囹圄。曾经辉煌一时的广州赛马就这样偃旗息鼓了。广州博彩赛马是 20 世纪末我国赛马业一次大胆的尝试，它给国内同行留下了很有借鉴意义的经验和教训。无论是最初的开赛，还是后来的禁赛，广州赛马都对我国现代赛马业产生了深远的影响。

北京通顺赛马场是继广州之后又一个尝试博彩赛马的赛马场。与广州赛马场不同的是，北京通顺赛马场是以民间投资为主筹建的。1998年 6 月，由香港建恒集团和中牧集团共同出资，组建了北京华骏育马有限公司。该公司在鼎盛时期曾拥有纯血马 2000 多匹，是国内最大的纯血马繁育公司。2001 年 3 月，华骏育马有限公司经向有关部门申请，成立了北京通顺赛马场有限公司，开始筹建北京通顺赛马场，主要投资方为香港建恒集团。北京通顺赛马场建成时号称是亚洲最具规模的国际标准赛马场之一。2004 年 3 月北京通顺赛马场正式开始投注竞猜赛马。据称，赛马场按 7∶2∶1 的比例将彩池资金在投注者、政府、赛马场之间分配，此分配比例与广州赛马相同。通顺赛马场还和北京市红十字会，见义勇为基金会签署了合作意向，对这两个慈善组织进行了捐赠。最多时，一度有三四千人到赛马场观赛，赛事由北京电视台体育频道进行直播，造成了较大社会影响。2005 年 9 月，该赛马场被北京市公安局通州分局以涉嫌赌博为由叫停。该年年底大批赛马被处以安乐死,翌年赛马场关闭。北京通顺赛马场的经历又一次表明,在与国家相关政策、法令相悖的形势下举办博彩赛马的尝试是不会"通顺"的,其结果只能是毫无悬念地被叫停。

北京通顺赛马场

2002 年年初,公安部、国家工商总局、财政部、国家旅游局和体育总局 5 部委联合发文,进一步强调"禁止经营带有博彩性质的赛马活动"。2006 年国土资源部颁布《禁止用地项目目录》,将赛马场与别墅、高尔夫球场一同列入禁止用地项目。但据 2005 年有关部门发布的消息,当时全国已有 100 多个赛马场。其中规模较大的除广州和北京通顺赛马场外,还有宁波大红鹰赛马场、辽宁光大赛马场、武汉东方马城、南京赛马场等。宁波大红鹰赛马场位于宁波的鄞县大道,占地面积 570 亩,与浙江第一大淡水湖——东钱湖相邻,由中国扶贫基金会,香港协和集团股份有限公司,宁波东钱湖旅游开发公司等共同组建的宁波赛马娱乐有限公司筹建,计划总投资额为 1.5 亿元。5 部委联合文件出台后,已基本完成建设并已购入了 100 多匹赛马的宁波大红鹰赛马场于 2002 年关闭。辽宁光大赛马场由 1999 年成立的辽宁光大赛马娱乐有限公司建立,该公司由辽宁省体育局主管,第一期工程计划投资约 4.5 亿元。由于国家政策等因素,近年来辽宁光大赛马场已开始转营房地产等行业。南京国际赛马场由南京赛马置业有限公司兴建,公司股东为南京红龙集团和南京国有资产投资管理控股(集团)有限公司。南京国际赛马场原为第十届全国运动会马术主赛场,是江苏省、南京市为了十运会专门兴建的马术比赛场地,占地 78.7 万平方米,总投资 2 亿多元。尽管拥有优良设施条件的南京国际赛马场有望承办一些国内外的大型比赛，但由于赛马场的维持费用高，马场不得不靠卖会员卡等多种方法集资。武汉的东方马城由香港东方神马集团于1999年开始投资兴建，是东方神马实业（武汉）有限公司旗下的大型综合性项目，总占地面积100余万平方米，计划总投资百亿元以上。武汉东方马城先后举办了全国速度赛马锦标赛，国际骑师邀请赛等规模较大的国内外赛事，并且一年一度的中国武汉国际赛马节也在这里举行。尽管武汉东方马城拥有设施齐全的现代化赛马场，而且不乏经费支持，并在国内有了一定的影响，但赛事的数量还不够多，全年性的商业运作体制尚未形成。这与东方马城筹建之初提出的"2天赛场、5天秀场、365天欢乐场"的目标还相差较远。

在博彩赛马被政府严令禁止的形势下，已有的赛马场或转型或在艰难维持中苦苦等待。而迄今为止政府并没有开放博彩赛马的时间表。在这种情况下，仍有新的大型赛马场建成或准备上马。尽管2006年国土资源部的文件明确将赛马场列入禁止用地项目，但地方政府在承办大型体育活动，进行大型开发区建设，将赛马场纳入建设的内容似乎并不受该政策的影响。作为第十一届全运会马术赛场，位于港沟镇神武村的济南国际赛马场2009年6月正式开放。该赛马场据称投资4.2亿元，设速度赛马、盛装舞步、场地障碍等比赛区域，在设施配备上兼有休闲、娱乐的功能。此外，国内还有一些地区正在积极筹建赛马场，其中包括海南岛、天津、成都等地。建设一个大型的合乎国际标准的赛马场耗资甚巨，动辄几亿元，甚至更高。而赛马场的建成只是投资的开始，后期的维持和运作费用也不菲，而且是长期性的。按照商业活动的基本原理，高投入应对应高收益，这样才有可能赚取利润。赛马场如果缺乏自我造血功能，不能举办经常性的赛事并从中获得可观的收益，其自身是难以维系的。在无法依靠举办赛事盈利的情况下，赛马场只能靠输血，即依靠持续的融资和巨额投入生存，这对赛马场的投资方无疑是一个沉重的经济负担。这正是国内大型赛马场在博彩赛马解禁前面临的困境。而新的赛马场仍不断涌现，似乎说明业界对商业性赛马解禁有着乐观预期。无疑，不少赛马场的投资方将希望寄托在不远的将来博彩赛马可能的解禁上。

应该说对商业性赛马解禁的乐观预期是有一定道理的。就其他国家而言，不但欧美国家博彩赛马很普遍，就在亚洲的我国周边不少国家和地区也早已将这项运动合法化，其中包括在文化传统上与中国内地相同或相近的，现代赛马业堪称成功之典范的日本、韩国、中国香港、新加坡等国家和地区；就国内来讲，我国经济经过 30 多年的快速发展，已积累了一定的社会财富，人民生活水平普遍提高，已出现了具有一定规模的富裕阶层。当前我国正处于经济增长模式的转型期，推动内需，使之成为经济进一步增长的主要动力已成为政府的一项重要任务。而商业性赛马在拉动内需，增加国家税收，促进就业方面都将起到积极作用，这些都为我国商业性赛马的开放创造了有利条件。但另一方面，由于缺乏对现代赛马系统的研究，社会各界对于适合于我国国情的现代商业赛马体制尚没有明确的认识；对于商业性赛马对整个社会的影响还没有形成较为统一的看法；由于历史和政治传统等影响，商业赛马在我国的开放存在着政策上的障碍，缺乏法律依据。在这些问题没有解决之前，我国的现代赛马业只能是处于停滞不前的境地。

从历史上看，不少国家的博彩赛马业都经历过开放、禁止、再开放的过程。美国各州在 20 世纪初曾有过禁赌赛马的浪潮；我国的近邻日本也于 20 世纪初由于博彩赛马造成了不少社会问题而将其禁止长达十几年之久（1908～1923 年），但最终都将博彩赛马合法化。这种反复不只是马业界和政府之间的博弈，更不是一种无谓的"折腾"，本质上是一个社会不断加深对博彩赛马的认识，凝聚共识的过程。通过这一曲折的过程，博彩赛马的相关法规更为完善，人们对博彩赛马的认识也更为成熟和全面。我国的现代赛马业无可避免地也要经历这样一个过程的磨砺才能逐步发展壮大起来。

中国香港的赛马现状

香港赛马会管理香港一切与赛马及赛马博彩相关的事务。香港赛马会的性质有其独特性，它不属于政府部门，也不是社会团体或公司，它是由香港特区政府唯一授权特许经营的非营利性组织。除赛马外，它还管理着香港最大的慈善捐款机构。马会由董事局掌管，董事局由主席领导。董事局共有 12 名董事，均为香港各界名流。各董事为马会提供服务但并不支取酬金。日常管理工作则由行政总裁所领导的管理委员会负责执行。马会共聘有 4 000 多名全职员工，在比赛时还会有 20 000 多名兼职员工，是香港最大的就业机构。

马会实行会员制，在马会 24 000 多名会员中有 200 名遴选委员，具有推荐会员的权利。在香港，马会会员身份备受尊崇，会员不仅有资格成为马主（非马会会员不能成为马主），还享受会员会所的服务。马会会员基本都是社会名流，如行政长官、商界领袖等。

同世界赛马的发展规律一样，香港赌马最早也属于私人或小范围性质，后来才逐渐有了马票、六合彩等博彩形式。马票开始于 1931 年，是一种结合赛马与搅珠的彩票形式，即以搅珠的方式产生入围号码，最终中奖号码则由指定赛事的结果决定。后来逐步演进为现在的巴黎共利法投注方式。香港赛马会是香港唯一合法的投注机构，除提供赛马投注外，赛马会还开设了足彩（足球彩票），从 2003 年 8 月 1 日开始接受投注，投注赛事包括多个国家的国内足球比赛，国际足球杯赛，其中包括世界杯、世青赛等。

早期香港的赛马投注都是在赛场内进行，1973 年香港政府授权马会设立场外投注站。到 1974 年，为打击非法外围赌博活动，马会共设立了 6 个场外投注站。此外，马迷还可通过电话进行投注。现在香港赛马会已有 109 个场外投注站，每个赛马日售出彩票达 500 多万张。1981年电话投注系统完成电脑程序化，场外投注站则在 1983 年全部实现电脑化。

香港民众普遍对赛马及赛马博彩有着极其浓厚的兴趣，赛马博彩的投注额是十分可观的，政府每年从赛马上获得的税收占总税收的 1/10 左右。赛马投注额在 2001 年达到顶峰，为 113 亿欧元。但由于亚洲金融风暴和后来的非典疫情影响，赛马投注额大幅度下跌。2006 年起投注额逐渐回升，但随后又遇到全球经济危机。2009 年香港赛马的投注额约为 66 亿欧元。

香港赛马会于 1914 年开始参与慈善事业。1955 年马会正式决定将每年盈余捐给慈善公益事业，并于 1959 年设立"香港马会（慈善）有限公司"，专门管理拨款事务。1993 年则成立了"香港赛马会慈善信托基金"。马会每年捐款在 10 亿港元以上，主要资助包括康体文化、教育培训、社会服务和医药卫生等四个方面。赛马会主要捐款对象在香港，针对内地的慈善活动以学生奖学金和特殊赈灾、济困捐款等形式进行。2008 年 5 月 12 日汶川大地震，13 日香港赛马会即捐款 3 000 万港元，而后追加到 10 亿港元用于灾后重建项目。另据 2009 年 7 月 9 目赛马会官方资料，慈善信托基金会在盈利仅 7 亿港元的情况下动用储备资金，拨款 136 800 万港元用于慈善事业，以帮助应对当时低迷的经济形势。

PART 4 竞赛规则

盛装舞步赛规则

国际马术联合会从 1929 年起设立国际盛装舞步竞赛项目，为的是保存骑术技艺，使之免遭滥用，也为了维护其原则的纯洁性，从而使之能够完整地由骑手们世代相传。

下面择要介绍的盛装舞步竞赛规则，为第 23 版规则，自 2009 年 1 月 1 日起生效。本版规则涵盖青年骑手、少年骑手、小马骑手、儿童骑手的舞步赛事规则。

行为准则

国际马联希望所有参与国际马术赛事的相关人士遵守国际马联行为准则，并认可接受无论何时何地马匹的利益都是至高无上的，不得受制于竞赛或商业影响。

（1）在所有运动马匹的准备和训练过程中，马匹的福利必须是最重要的超越所有其他需求。马匹的福利要求有良好的马匹管理，良好的训练方法，良好的钉甲，良好的马具，良好的马匹运输。

（2）马匹在被允许参赛前必须体格健壮，有参赛能力，健康状况良好。应杜绝威胁到马匹福利或怀孕期间的母马健康的药物使用、外科手段、骑术的错误使用。

（3）各类赛事应尊重马匹福利。这包括关注比赛场地、地面、天气、马房、场地安全及赛后马匹返程的健康。

（4）应尽力确保马匹在赛后得到适当的照顾，确保马匹退役后人道的处置。

（5）国际马联要求所有马术运动相关人员在各自的专业领域中使马匹得到最高水平的教育。

总体原则

（1）舞步运动的目的，在于通过和谐的训练使马匹变成一个快乐的运动员。因此，马匹安静、柔顺、放松、灵活，并且自信，注意力集中和机敏，才能充分理解骑手，与其配合默契。

这些素质表现如下：

步调自如而且规整。

动作协调、轻快、顺畅。

前肢轻盈，后肢发力，产生充沛的推进力。

受衔良好，始终顺从，丝毫不紧张，不抗拒。

（2）马匹给人的印象，好像是马匹自觉地做出要求的动作。它完全顺从骑手的驾驭，自信而且专注，直线运动时，保持正直，曲线运动时，马体作相应的屈曲。

（3）慢步规整、自如而不拘谨。快步自如，柔和且规整，步调一致而有活力。跑步步调连贯，轻盈而有节奏，后肢从不懒散。对于骑手轻微的指示都能做出反应，马体各部表现出充沛活力。

（4）由于具有充沛的推进力和柔韧的关节，马匹没有抗拒，自愿服从，没有迟疑，对各种辅助从容而准确地做出反应。在精神上和体能上都表现出自然、协调平衡。

（5）马匹在所有的动作中，即便在停止时都必须"受衔"。"受衔"是指马的颈部抬高并成拱形，其程度随训练阶段和步度的伸长和缩短而不同，但始终轻微且柔和地接触和顺从地承受着衔铁。马头位置稳定，经常在垂直线稍前方，颈部柔软而且项部是最高点，对骑手不抗拒。

（6）韵律，在快步中表现明显，是动作协调的结果，马匹运动表现出明显的规整性、推进力、平衡感。马匹在所有各种不同快步练习中和所有各种不同快步步法中必须保持韵律。

（7）在各种不同的步法中保持节奏是舞步的基础。

具体规则

停止

（1）停止时，马匹应当专心站立，聚力、不动、正直。体重均匀地分布在四肢上，前、后肢成对地并齐。颈部抬起，项部高居，马头在垂直线稍前方。保持"受衔"姿态，并且和骑手的手保持轻微、柔和的联系，马可以安静地咬着衔铁，随时准备按骑手最轻微的指示作动作。

（2）停止是靠骑手适度加强骑坐和脚的辅助，使马体重量移向后肢，同时配合控缰，使马受到控制，而在预定的位置上停稳，但又不是急停。

（3）停止前后舞步的质量是评估的一个组成部分。

慢步

（1）慢步是一种行进步法，马的蹄音呈现有规律地，明显的一声接着一声呈四节拍。马的蹄音在所有慢步动作中明确，稳定。

（2）当同侧的前肢和后肢几乎同时动作时，慢步差不多变成侧向运动了。这种不规整的运动有可能变成同侧运动，是步法严重不规整，步法质量低劣的表现。

（3）慢步可分为中间慢步、缩短慢步、伸长慢步、自由慢步。以上四种不同的慢步应在姿态和蹄迹上有明显的区别。

中间慢步：该步法是清楚、规整且不拘束，步幅中等长度的慢步。马保持"受衔"姿态，富有活力而从容行进，运步均匀果断，后蹄落在前蹄迹前方。骑手通过缰绳与马口保持轻柔而且稳定的联系，使马的头部和颈部自然地摆动。

缩短慢步：马保持"受衔"姿态，果断前进，颈部抬起成拱形，表现出明显的自觉性。马头接近垂直，马口与骑手的手保持轻微的联系，后肢靠飞节的良好动作向马体下踏进。步调富有前进气势，富有活力，四蹄动作规整有序。由于所有的关节屈曲更明显，步幅比中间慢步步幅短而举步高。为避免出现匆忙及不规整，缩短慢步应比中间慢步幅短，尽量表现出更大的活力。

伸长慢步：马匹尽可能伸长步幅，但不匆忙，步法也不失规整。后蹄明显地落在前蹄迹前方。骑手允许马头和颈部向前或向下伸展，但不失去与马口的联系和对颈背的控制。马鼻须明显在垂直线前方。

自由慢步：对骑手控制马匹的身上部位动作没有硬性的要求，但注重马匹的灵活性和优美度，强调观赏性。

快步

（1）快步是马匹在瞬间离地时对侧肢轮流动作的两节拍步法（左前肢和右后肢，反之亦然）。

（2）快步应该运步自如、有力并且规整。

（3）快步的质量优劣，可以从总体印象来判断，例如：看其运步规整性和轻盈如何，收缩和伸展都要有节奏并且有动力。这些表现来源于柔软的背部和后躯飞节活力，并且所有快步的变化都应保持节奏一致性和自然平衡的能力。

（4）快步可分为工作快步、大跨快步、缩短快步、中间快步和伸长快步。

工作快步：这是介于缩短快步和中间快步之间的步调。通常马匹尚未训练成熟，未准备好作收缩运动。马匹表现出适度的平衡，并且保持"授衔"姿态，向前运动。运步有弹性，并且飞关节良好是快步的重点，是来自后躯的活力。

大跨快步：测试4岁马匹"大跨快步"是需要的。这个变化是在工作快步和中间快步之间，其中中间快步，马匹训练尚未成熟。

缩短快步：马匹保持"受衔"姿态，向前运动时颈部抬高且成拱形。后肢有力踏进并且弯曲，飞节必须保持富有活力的前进气势，从而使肩部运动更加自如，以此表明完整的自身姿势。虽然马匹运步比其他几种快步步幅短，但弹力和节奏是不能减少的。

中间快步：和伸长快步相比，这是一种适中的伸长步调，但比伸长快步更"圆"。在不赶的情况下，马匹运步向前拉长，后肢推进。骑手允许马头比在缩短快步和工作快步时稍稍伸向垂直线前方，并且稍稍降低马的头部和颈部，步调均匀，整体动作平衡而且不拘束。

伸长快步：马匹尽力伸长步幅，在不赶的情况下，后躯强有力地推进而使运步最大限度地伸长。骑手允许马体伸展，跨出大步的同时控制马的头部，前蹄应当落到它所指向的那个地点，前后肢的动作在前进的瞬间应当是同步的，整体动作应当平衡良好，在过渡到缩短步子时，应当借助体重较多落在后肢上流畅地进行。

（5）除非科目中有特别要求，做各种快步时应是深入骑坐的"平快步"。

跑步

（1）跑步是一种三拍步法，以右跑步为例，蹄音的顺序是：左后肢，左对侧肢（左前肢和右后肢同时动作），右前肢，随后是瞬间的腾空，在跑下一步之前，四蹄全部腾空。

（2）跑步应始终轻盈、有韵律而且规整，运步果断。

（3）跑步的质量优劣，可以从总体印象来判断，例如：运步是否规整而轻盈，脚步向上的趋势和节奏来源于马的受衔，项部柔韧，后肢的推进，飞节动作有力。判断跑步的质量还要看其保持运动节奏的一致性和自然平衡的能力，即使从一种跑步过渡为另一种跑步时，节奏也应当保持不变。直线运动时马体应当始终保持正直，走直线，然后正确地弯曲走弧线。

（4）跑步可以分为工作跑步、大跨跑步、缩短跑步、中间跑步和伸长跑步。

工作跑步：这是一种介于缩短跑步和中间跑步之间的步调。马匹通常是尚未训练成熟，未准备好作收缩运动的马匹。表现适度的平衡同时保持"受衔"姿态，向前运动。运步均匀、轻盈而有节奏，"飞节动作

"良好"表现强调来自后肢的活力和推进力。

大跨跑步：测试 4 岁马匹的"大跨跑步"是被要求的。这个变化是在工作快步和中间快步之间，其中中间快步，马匹训练尚未成熟。

缩短跑步：马匹保持"受衔"姿态，颈部抬高并成拱形，向前运步。飞节必须保持富有活力的前进气势，从而使肩部运动更加自如，以此表明自身姿势和一个向上的趋势。马的步幅比其他跑步步幅短，除非失去弹性和节奏。

中间跑步：这是一种介于工作跑步和伸长跑步之间的步调。在不赶的情况下，马匹运步向前拉长，后肢推进。骑手允许马头的位置比缩短跑步和工作跑步时略超出垂直线，也允许马的头部和颈部稍稍落低。跨越动作要保持平衡而且不拘束。

伸长跑步：马匹尽可能跨出大步，并保持节奏一致，步幅伸展到最长。马匹需在后肢极大力推进动作之后保持镇静、轻盈、马体笔直。骑手允许马在"受衔"的情况下，落地并且伸展马体。整套动作应保持良好的平衡，马匹在后躯动力的情况下，由伸长跑步至缩短跑步的转换平稳流畅，移多一些的重心在后躯上。

后退

（1）后退是侧面对称的后退动作，动作是两拍的，过程中马体不能悬空。两对侧肢几乎同时抬起，同时落地，马蹄应当充分抬起，后蹄应当走在直线上。

（2）在马匹后退期间，马匹应始终保持受衔，并保持向前的欲望。

（3）动作提前，抗缰或避缰，后肢偏离直线，后肢散开或动作无力，以及前肢拖沓，都属严重失误。

（4）每条前腿的后退步伐应该是可数的。在完成要求数量的后退步伐之后，马匹应该表现出充分的停止或快速移动到要求的区域。在考核中，当对马匹后退步长有所要求时，步长必须有 3 至 4 步的距离。

（5）后退系列动作是后退与慢步相结合，慢步在两次后退动作中间。这一系列动作要求过渡流畅，步伐数与要求一致。

过渡（转换）

步伐和速度的转换，应当明确地在规定地点完成。步调的节奏在步法转换之前或马匹停止之前要始终一致。步伐的过渡必须要清晰流畅并保持步调的节奏性。马匹应当轻微受衔，从容运作，姿态端正。从一个动作过渡到另一个动作时，也应遵守上述原则。例如从帕沙齐变换成皮埃夫或相反的过渡，同样如此。

半停止（半减却）

半停止（半减却）几乎难以观察到，几乎是骑手的骑坐、手、脚同时协调而成，目的在于做某些动作或过渡到另一种步法之前，加强马匹的注意力和平衡。将马的重心略微移向马的后肢，以便后肢的踏进和腰臀部的平衡，有利于解放前肢实现马匹整体平衡。

图形

在盛装舞步比赛中，艺术的图形分为"圆形"、"蛇形"和"8字形"。

圆形：圆形是沿直径为6米、8米、10米的圈绕行，如果直径大于10米，则称为大圈。

蛇形：蛇形是由一直线连接一些半圆形组成的。碰到竞赛场长边的多个圈时，当蛇形路线与中央线交叉时，马体应当和场地的短边平行。随着圈的大小不同，连接的直线长度也不同，在竞赛场地长边处作一圈蛇形运动应离跑道5米或10米。当在中央线两侧作蛇形路线时，马体应在中央线两侧四分之一的位置来回移动。

八字形：按科目的规定，8字形由2个尺寸相同的准确圆形或大圆组成。在8字形的中心，两圆相连接，在两个圆相连接处改变方向的瞬间，骑手应当让他的马保持正直的姿态。

横向运动

（1）横向运动的主要目的，除了来革由丁，就是发展和增强马后腿的后肢发力，因而也就是加强收缩。

（2）在肩向内、腰内、腰外和哈夫帕斯各种横向运动中，马的前躯是轻微地朝不同的轨迹脖颈弯曲。

（3）脖颈弯曲和马体屈曲绝不可做得过分，以免损害动作的节奏、平衡和流畅。

（4）在横向运动时，仍然要保持步伐自由与规律，始终保持前进气势，而且要柔韧灵活、富有节奏、平衡良好。由于骑手全神贯注在使马脖颈弯曲和向横向推进，常常使前进气势丧失。

（5）肩向内：这个动作是以缩短快步执行的。马体围绕骑手的内方脚稍微且均匀的弯曲，马体稳定地保持大约 30 度角，维持节奏和后肢发力。马的内方前肢在外方前肢前方交叉越过；内方后肢往前踏在马的身体下方，与外方前肢在同一个轨迹上前方，内方腰角降低。马体朝行进的反方向曲绕。

（6）腰向内：腰内可以缩短快步或缩短跑步执行。马体围绕骑手的内方脚轻微弯曲，但比肩向内的弯曲程度还大。马的身体呈现稳定的大约 35 度角（从前面或后面可看到四蹄迹）。马的前腿维持在蹄迹线，尻部往内偏移。马的外方肢从内方肢前面交叉越过，马体朝行进的方向弯曲。要开始执行腰内时，马的后躯要离开蹄迹线，或是在经过隅角或圈乘之后不回到蹄迹线，马的项部与颈部在结束圈乘时也不向反方向弯曲。

腰向内的目的：在一条直线和合适的曲线上显示顺畅地缩短快步运动，并且保持前肢和后肢的交叉、平衡和节奏。

（7）腰向外：这是与腰向内完全相反的动作。马的前躯向内偏移，而后躯留在蹄迹线，同时前腿回到蹄迹线，除此之外，腰外其它方面的要求与腰内的原则和情况相同。马体围绕骑手的内方脚轻微弯曲，马的外方肢从内方肢前面交叉越过，马体也朝行进的方向弯曲。

腰外的目的：在直线中显示顺畅的缩短快步运动并且有比肩向内更大幅度的转弯，并且保持前肢和后肢的交叉、平衡和节奏。

（8）哈夫帕斯：哈夫帕斯是腰内的变相动作，要在对角线做，而不是沿着墙边做。可以用缩短快步（自由式的哈夫帕斯）或是缩短跑步执行。马体稍稍地往行进的方向弯曲，围绕骑手的内方脚。在做哈夫帕斯期间，马应保持节奏和平衡不变。为了使肩部更自由更灵活，维持前进气势是非常重要的，特别是内方后肢的深踏。马体近乎与场地的长边平行，只有前躯稍稍地在后躯之前。在快步时，外方肢在内方肢前面交叉越过。在跑步时，是以一连串的向前或横向偏移的步伐执行的。

快步中哈夫帕斯的目的：在对角线上显示顺畅的缩短快步运动并且有比肩向内更大幅度的转弯。并且保持前肢和后肢的交叉、平衡和节奏。

跑步中哈夫帕斯的目的：通过向前或横向的运动展示和发展跑步的短促和柔韧并且没有转弯时节奏、平衡或柔软的损耗。

参赛条件

（1）凡年满 16 周岁的选手都可以参加国际盛装舞步比赛。

（2）经国际马联批准，允许持有国际马联的残疾骑手身份卡的残疾人运动员根据他们自身的残疾程度使用辅助器械参加国际马联舞步赛。所有此类申请需在参赛前一年的 12 月 31 日前递交至国际马联盛装舞步部。国际马联将逐一进行审批。

（3）不允许分男女比赛。

（4）一旦马匹年满 6 岁，任何血统年龄均可参加国际舞步赛事。年满 7 岁，可参加青年比赛、圣·乔治比赛、中级一级比赛。马的年龄从其出生年的 1 月 1 日算起（南半球从 8 月 1 日）。

（5）在国际盛装舞步项目中马一天只能参加一个竞赛，并且不能在同一时间参加另一项盛装舞步比赛。

场地障碍赛规则

马术比赛的赛事组织是一项较为复杂、系统的团队工作，需要所有裁判员和各环节工作人员同时协调配合，所以赛事服务人员都应具有良好的职业素质和专业知识。尤其是场地内的裁判员，会随时面对各种突发事件。根据国际赛马的相关规定，场地障碍赛的主要规则如下。

基本规则

路线：每场障碍比赛都会给场地裁判长一张路线图。整场比赛的具体路线和每一道障碍物的高度和宽度都会明列在路线图上。在比赛开始前每一位场地裁判员都应该明确自己所在的位置和工作范围，并熟知每一道障碍物的高度和宽度以及障碍间的距离。

障碍标志号：所有的障碍标志号都应该放在障碍物的右侧前方。

行进方向：障碍架外侧上方固定好的红、白旗表示的是骑手前进的方向。骑手跳跃障碍的方向是：面向障碍时障碍上的标志旗为左白右红。（否则，骑手即为反跳。骑手一旦反跳障碍，不论是在练习场还是比赛当中，骑手马上会被取消参赛资格。）

时间限制：国际比赛用的速度如下：

每分钟最少350米，最多400米，在室内赛场速度可降低到每分钟325米。

障碍物：一般情况是12道障碍物，15跳。包含一道双重和一道三重组合障碍物，或是三道双重组合障碍物。障碍物高度可设为业余选手0.60~1.10米；职业选手1.40~1.60米高不等。必须有两道达到本级别最高高度的垂直障碍物。

罚分标准：碰掉一根障碍杆，罚4分。罚分最少者获胜。碰落障碍物、拒跳、超过限定时间等等，要受处罚。竞赛的胜利者是受处罚最少，通过路线最快或按比赛种类规定取得最高分数的参赛者。

比赛场必须围起来。比赛期间当马在场内时，所有的进、出口都必须全部关闭。

一旦比赛开始，便禁止参赛者徒步进入赛场，除非得到裁判组准许，否则取消其比赛资格。

反方向跳越练习障碍物，取消比赛资格。

注意事项

场地裁判员在比赛进行期间的工作中需要注意以下几个基本问题：

在比赛开始以前半小时，必须检查比赛场地内的障碍设施是否完备，摆放是否正确，如：起、终点是否到位，红白旗是否到位，是否坚固；障碍号的位置是否正确；每道障碍的高度和宽度是否符合本次比赛的路线标准要求；障碍杆的摆放是否正确，符合要求。在比赛前必须确认场内比赛用具是否齐备，如裁判长：对讲机，OK牌；起终点裁判员：红、白信号旗；场地裁判员：沙地拖把，备用的障碍架、障碍杆、杯托，高度测量尺。个人后勤工作备妥。（例如，瓶装饮用水每人一瓶）

在开赛前10分钟，场地裁判长需再次明确每名裁判员的场地位置和管辖范围。

安全原则

在比赛中，全体裁判员应严守场地安全原则。

1. 裁判员自身的安全

要熟悉比赛路线，不要站在影响骑手通过的位置上，避免影响比赛！

裁判员的目光、注意力要随时跟随着骑手，避免被撞到！

如有马匹拒跳，骑手落马，障碍物倒塌等情况发生，要冷静处理。不要快速奔跑，避免惊吓到马匹，应沉稳且迅速地接近马匹，保护骑手！

重新恢复障碍时，应注意周围环境的安全，不要被场地内的马匹或其他摆障碍的裁判员无意间误伤。

2. 骑手的安全

对明确显露出危险隐患的骑手（如控马能力不够的业余选手），场地裁判长有权阻止骑手上场比赛或终止该名选手正在进行的比赛。

如有骑手落马，一定要上前协助骑手稳定马匹，使骑手脱离危险。

如有骑手确实受伤，切记不要随便搬动，移动受伤骑手的身体，以免伤者受到不必要的伤害。场地裁判员应及时通知赛事救护部门，等待医务人员进行现场的专业急救处理。

如发现参赛马匹的鞍具存在明显的危险隐患（如：松弛或有断裂迹象的皮革等等）应及时提醒骑手对鞍具进行必要的调整和更换。

3. 马匹的安全

注意场地四周的每一个出入口，必须保持场地是封闭的，以免马匹受惊后外逃受伤。

注意随时清理沙地中的坚硬物品（大块石子、钉子、碎砖头等），保护马匹的安全！

注意提醒周围的观众不要做惊扰马匹的举动。

4. 观众的安全

随时提醒观众注意与场地外准备参赛的马匹保持安全距离。

随时注意场地四周的摄影爱好者一定不要进入非安全区域进行拍摄。

马术三项赛竞赛规则

构成部分

马术三项赛，是奥运会正式比赛项目之一，也称"三日赛"或"综合全能马术赛"，可以测验骑手跟马匹的综合能力。马术三项赛比赛分三天进行，骑手必须骑同一匹马。它由盛装舞步赛、越野赛和场地障碍赛三个部分构成。

第一天进行盛装舞步的比赛，包括基本步伐和步幅姿态等，盛装舞步赛与单项盛装舞步赛规则相同，但是在综合全能马术比赛中的盛装舞步要比单独的盛装舞步比赛简单得多。

第二天进行速度、耐力和越野能力比赛，即越野赛——越野赛全程由 4 个区间组成，骑手必须在规定的时间内到达终点，根据所用的时间长短来评定名次：第 1 区间和第 3 区间均为 20 公里，要求骑手速度为平均每分钟 240 米；第 2 区间为越野障碍赛，赛程为 3600～4200 米，其中每 1000 米设置三个篱栅式障碍，要求速度为平均每分钟 600 米；第 4 区间为越野赛，赛程为 8000 米，其中每 1000 米设置 4 个不同的障碍物，要求速度为平均每分钟 450 米。根据骑手失误罚分和超时限罚分来评定这四个区间总成绩。

第三天进行的是场地障碍赛，内容基本上和场地障碍赛的单项比赛相同，只是程度要浅一些；场地障碍赛主要测验马匹的体能和顺从程度，沿途设置 10～12 个障碍，要求速度为平均每分钟 400 米，其中必须有三分之一达到最高限的障碍和一个水沟障碍。裁判员根据骑手失误罚分和超时限罚分来评定成绩，以三项总分评定名次。

骑手资格

由于马术三项赛是一项非常危险的体育运动，所以它是最早采用星级制的运动项目。国际马联设有国际一星级至国际四星级，2006 年才开始设立盛装舞步和场地障碍赛星级制。各国根据本国情况设立自己的星级制。英国是马术三项赛的发源地，英国马术三项赛委员会是独立组织，设有马术三项赛初级、国家预备一星级、国家一星级、国家二星级、国家三星级和国家四星级，同时每年许多赛事被国际马联确认为国际星级赛事。

每年从 3 月始至 10 月举行不同星级的国家级和国际级马术三项赛。在英国参加马术三项赛，骑手必须经马术三项赛委员会进行职业骑手资格认定。成为职业骑手的最小申请年龄为 16 周岁，但也有例外。在成为职业骑手前，必须要取得初级以及预备一星级的比赛的规定成绩，获得经马术三项赛委员会指定的教练对提出申请的马术三项赛骑手进行的能力评估和推荐，再由马术三项赛委员会进行职业资格认定，承认和允许注册成为职业马术三项赛骑手。不管是专业职业骑手或业余职业骑手，都必须按照马术三项赛委员会章程和规定进行马术三项赛比赛。

获得职业骑手资格后，才允许从最低星级比赛开始通过比赛获得成绩、累积经验、提高技能、不断升级，直到达到运动生涯顶端。一般能够达到四星级的骑手，要从小进行马术训练和比赛，直到 30 岁以上才能达到这一水准，大多数有经验成功骑手的岁数都在 30 ~ 40 岁之间。能够成为一位成功的马术三项赛骑手需具备雄心、天赋和运气，还要具备对马术和马匹的深刻认识，加上品格、道德、耐力、体力、财力，永恒的激情和一往无前的英勇气概，缺一不可。

马匹资格

马术三项赛运动马匹从 3 岁开始接受调教和训练，5 岁开始参加初级比赛，规定 6 岁以上才允许参加一星级比赛，10 ~ 12 岁时达到四星级水平。骑手与其运动马匹组合通过长期不断的比赛，追求人马合一的最高境界，达至最佳竞技状况，才能争取获得最佳比赛成绩。大多数顶级骑手从一星级开始与其运动马匹组合，直到运动马匹年龄已到 16 岁才结束运动生涯。

评分方法

1912 ~ 1992 年，个人赛与团体赛同时进行。1996 年，这两个项目被分成单独的赛事，以迎合国际奥委会反对在一次比赛中颁发两套奖牌的政策。三项比赛之间的关系，原则上，越野赛为三项比赛中比重最大的项目。相对而言，舞步赛的重要性略次于场地障碍赛。因此，越野赛和场地障碍赛的路线、障碍及其它条件应作相应设置，以尽可能确保上述比重。

所有项目总计罚分最低的参赛者为冠军。如遇总罚分相同，排名以越野赛的障碍罚分以及各阶段的时间罚分之和较低的参赛者为冠军；如越野赛罚分仍相同，则以越野赛行进时间最接近规定时间者为冠军；如仍有并列，以越野障碍赛行进时间最接近允许时间者为冠军。团体赛按各队成绩最好的前 3 名参赛者的总罚分排名，最低者为冠军队；如有并列，按各队第三名参赛者积分排名，第三名参赛者成绩最佳者为冠军队。

PART 5 场地设施

骑手和马匹的装备

骑手的装备

（1）平民服装：在 CDI3＊赛事、CDI4＊赛事、CDI5＊赛事、CDIO赛事、锦标赛、地区运动会和奥运会上，必须身着黑色或深蓝色燕尾服或者在国际 HSV 范围内的颜色。向国际马联舞步部申请，可以允许按HSV 标准，V 值小于32％的颜色。

礼帽：黑色或与衣服同色

马裤：白色或类白色

领带或领结：白色或类白色或与衣服同色

手套：白色或类白色或与衣服同色

马靴：黑色或与衣服同色

在所有 CDI1＊赛事及 CDI2＊赛事上，也可戴黑色或深蓝色（颜色要求参见上述说明）圆顶硬礼帽或猎装礼帽，也可以在所有其它国际赛事上戴此类帽子，除非有特别规则说明。

注：如为考虑安全因素，允许选手戴经认可的安全头盔。

国家色只能用于选手上装的领口，并应按总则规定在国际马联注册。

（2）军人、警察在所有国际赛事上可以穿制服或穿上述平民服装。

不仅军人可以穿制服，军事机构、国家种马场、国家军事学院聘任人员也可以穿。

（3）马刺必须是金属的。马刺柄是弯的或者直的，当骑手穿上马靴时，直接从中间向后伸出。马刺应当是光滑而钝生的。若有齿轮，则齿轮必须光滑而钝生且能自由转动；允许使用金属带圆硬塑料头（"冲击"马刺），也可使用没有锋口的"呆钝"马刺。

（4）在国际马联赛事上，比赛期间严禁戴耳机，违者淘汰论处。训练、热身期间允许使用耳机。

马匹的装备

（1）下列规定必须遵守：靠近马匹并且有近乎垂直的鞍翼的舞步马鞍、卡夫圣鼻革和双勒，即普通水勒和有锁链的大勒。卡夫圣鼻革决不能过紧而伤害马匹，可选用唇革和锁链的皮套或橡胶套。不允许使用鞍套。

（2）衔铁：普通水勒和大勒衔铁的材料必须是金属的或坚固塑胶，可以外用橡胶套（有生产商说明）。不得使用任何材料包括有伸缩性的橡胶包裹衔铁。衔铁的横杆限10厘米长（衔环以下的长度）。如大勒衔铁可以滑动的衔铁杆，从衔铁横杆到水勒衔环，在最上端时，不得

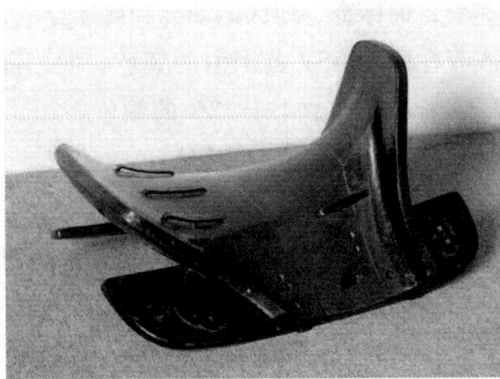

马鞍

超过10厘米。衔铁环的直径应适当而不伤害马。大衔使用的衔铁直径至少12毫米，普通水勒使用的衔铁至少10毫米，用于年轻马级别的小勒的衔铁直径至少14毫米，矮马使用的衔铁至少10毫米。衔铁的测量至衔铁环或水勒面颊杆处。

（3）马鞭：在所有国际赛事上，比赛时禁止使用任何样式的鞭子，

否则受淘汰出局的处罚，但是在练习场可以使用，但是最长不得超过120厘米（矮马不得超过100厘米）。但是鞭子在进入马场前必须放下，违者罚分论处。

（4）小马具：低头革、胸革、衔铁护圈、任何种类的小马具（例如支持缰、侧缰、跑缰或平衡缰等等），任何种类的护腿或绷带，以及任何形式的眼罩，包括耳套和其他东西都严格禁止使用，否则予以淘汰出局的处罚。

（5）装饰品：严禁使用任何非天然的装饰品，例如缎带或花朵等物，即使用在马尾上也不允许。但是正常的马鬃、马尾编结起来是允许的。

（6）只有事先得到国际马联的许可，方可使用假尾或接尾。该类申请必须直接提交国际马联舞步部并附照片及兽医证明。假尾除钩子和眼孔部分不得含有任何金属成分。

马鞭

（7）防蝇罩只能是为了保护马不受虫子的骚扰。只能在特殊情况下，在得到裁判长及技术代表的允许，才能使用。必须小心使用防蝇罩，不能盖住马的眼睛。

（8）马具检查。赛事监管必须一匹马使用一副一次性的外科医生手套检查马具。任何不规范，可能导致立即淘汰。检查衔铁应非常谨慎小心，因为有些马嘴角非常敏感，易受刺激。

（9）热身及训练场地。上述第（1）点和（4）点规定，在准备活动场和其他训练场也应遵守。但是准许使用带鼻革的普通衔铁，或下垂式鼻革、墨西哥式鼻革和装饰式鼻革、护腿、绷带。单直侧缰或双滑侧缰（三角形）可以在打圈时使用。只允许单绳打圈。

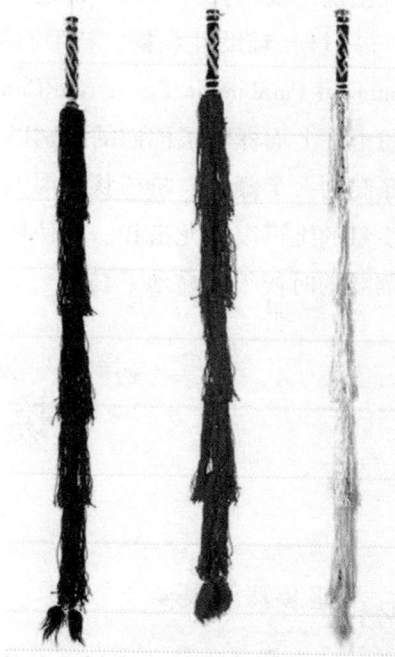

（10）每一匹马必须配有组委会所发的识别号码，一到比赛场地乃至整个比赛过程中必须佩戴。所有马匹必须在到达之后，在比赛中，在训练时、调教时、遛马时佩戴该号码。第一次不带，将给予警告，如屡次犯规，裁判长将就此对该选手罚款。

（11）辅助性装备。骑手们都有一个国际残疾人马术联合会（International Paralympic Equestrian Committee，IPEC）/国际马联（FEI）的身份卡，上面标明了他们的级别以及可以使用的辅助性装备，例如代替一条腿的一个鞭子、阶梯状的缰绳、弹性带子、专用马镫等等。可以使用少量的维可牢尼龙搭扣。所使用的任何辅助性帮助都必须能够使骑手在需要的时候很容易地下马。

场地要求

盛装舞步赛

盛装舞步赛的竞赛场地与练习场地有以下一些具体要求：

（1）在奥运会、地区运动会、锦标赛还有其他所有国际赛事上，比赛场地必须经技术代表、外籍裁判员或裁判长检查批准。

（2）场地：比赛场地应平坦、水平，必须长60米，宽20米。场地周长上或对角线上的地面高低差不得超过0.5米，短边高低差不得超过0.2米。比赛场地必须是以沙地为主。上述尺寸是围栏内测量距离，场地离开观众不得少于10米，如果是室内赛场最少距离原则上是2米。围栏应当是0.3米高的白色低栅栏（栅栏不可是实心的）。A点处的围栏应当容易移开，以便于选手进出赛场。栅栏的横档应当做得使马蹄不能踏进去。

（3）围栏广告：国际马联拥有在所有锦标赛和世界杯盛装舞步赛事赛场内围栏上的独家广告权。对于这些赛事，组委会可以与国际马联通过事先的协议获得广告位置，但字母和字母架上从不允许做广告。如果组委会违规做广告，则根据广告的规模进行罚款或者剥夺其赛事的 CDI 资格。

（4）字母：舞步围栏外的英文字母牌应距赛场围栏约 0.5 米远，而且清晰可见。除字母牌外，在相对应的围栏上，同一方位处应做一特殊标记。字母及字母架上不得做广告。

（5）中央线：由组委会决定是否要有中央线。如有，中央线必须滚好耙好。在 D－L－X－I 以及 G 点不应该标记。如果是自选科目或是年轻的马匹比赛则不推荐使用中央线。

（6）裁判的位置：三位裁判员的位置必须沿着赛场短边安排，距舞步场地最多 5 米，最少 3 米，裁判长（C 点）在中央线的延长线上，另外两位裁判员（M 点、H 点）在场地长边延长线内侧 2.5 米处。两侧的两位裁判员（B 点和 E 点）必须分别位于 B 点和 E 点距舞步场地最多 5 米、最少距 3 米。当由三位裁判员评判时，其中 1 人可以坐在长边处。

（7）必须给每位裁判员分别准备一个裁判亭或小棚。亭子或棚子必须高出地面至少 0.5 米（自选科目时可能稍高一点），以便给裁判员良好的视界观察全场。裁判亭应能容纳 3 人。E 点和 B 点的裁判亭应有侧窗。

（8）暂停：每 6 到 8 位选手比赛后，必须暂停 10 分钟，以便整理赛场地面。在盛装舞步比赛中暂停或者休息都不能超过 2 个小时（比如午餐）并且不允许被其它比赛干扰。然而，如果一场比赛中的参赛者数目超过 40 人时组委会可以考虑把比赛延长至 2 天。在恶劣天气的情况下或者其它极端情况下裁判长可以打铃要求停止比赛。受影响的参赛者应当等到情况允许比赛时继续比赛。

（9）入场：如果比赛在室内进行并且比赛选手不能在赛场外骑马则选手可以最多提前于铃响前的 90 秒钟进入赛场。铃响以后选手开始在赛场内比赛。如果是室外比赛则选手可以最多提前于铃响前的 90 秒钟进入赛场周围，其中 60 秒给播音员。在 C 点位的裁判应当负责响铃和提示时间。选手应该要能够清楚地看到显示 45 秒和 60 秒的钟。

（10）比赛场地上的训练：骑手/马匹在比赛或组委会安排比赛场地训练以外的任何时间使用赛场或进入赛场，不论任何理由，一律按取消比赛资格处罚。任何例外需征得技术代表或裁判长的同意。

（11）训练场地：赛事的第一项比赛前两天至少应提供一个 60×20 米的练习场供选手们练习。如可能，练习场地地面应当和赛场地面类型相同。如不能提供 60×20 米的练习场地，必须允许选手在比赛场地练习。固定的具体的场地时间表必须明确说明可供选手在比赛场地训练的时间。在裁判长，外籍裁判和赛事监管主任的要求下，组委会必须派赛事监管监管训练场地。该训练场地必须在比赛开始前 3 小时就开放或者是在早晨马房一打开的时候就开始开放。

（12）十分钟热身场地：这是在选手进入场地前最后的练习时间。奥运会、冠军赛和其他 CDI 赛事或 CDIO 赛事都必须有十分钟热身场地。以下几点要引起注意：①十分钟热身赛场必须和主赛场有着同样的地面类型；②进入此赛场的顺序应和进入主赛场的顺序一致；在十分钟热身赛场里不能同时有两位选手一同练习；③选手不强制必须进入十分钟热身赛场进行练习；④筹备者必须一直在现场监督；⑤调整马具和一些常规的马匹护理是被允许的。

场地障碍赛

场地障碍比赛是在长 90 米、宽 60 米的沙地或草地内进行。场地障碍赛要求运动员骑马必须按规定的路线、顺序跳越全部障碍。碰落障碍，超过规定时间，马匹拒跳以及运动员从马上跌落等都要罚分，最好成绩为零分，罚分少者名次列前。资格赛是每一对马匹、骑手组合参与三轮争夺资格的比赛。

参赛者在资格赛中获得前 45 名，进入 A 路线的决赛。该轮中的前 20 名（以及并列第 20 名）争夺 B 路线的决赛资格。结果的计算是两轮得分相加。前三名若出现并列，则进入复赛，使用 B 路线的 7 道障碍。如果得分仍相同，则复赛中用时最少的参赛者获胜。

A 路线长度必须在 600~800 米之间，包括 12~15 道障碍和一道水障。障碍高度为 1.4~1.6 米。B 路线长度必须在 500~600 米之间，而且不同于 A 路线，并且必须包括高度在 1.4~1.7 米（5 英尺 7 英寸）的 10 道障碍。A 路线必须包括三道两个连续障碍或者一道两个连续障碍加一道三个连续障碍；B 路线必须包括一道两个连续障碍和一道三个连续障碍，并最好有一道水障。

马术三项赛

三项赛中的盛装舞步和场地障碍赛部分与通常的盛装舞步和场地障碍赛的基本规则与评分办法相同，只是规模较小，难度低一些，所以对场地设施的要求也略低。三项赛中的越野赛包含四个阶段：A、C 阶段是公路和跑道；B 阶段是障碍追逐赛；D 阶段是越野障碍赛。改革后的奥运会三项赛已取消 A、B、C 段，仅保留 D 段。越野赛部分是长距离的障碍赛跑，约为 5700 米，该赛段所跳越的障碍由徽标、堤岸、沟渠、石墙和水障组成。马术比赛的器材包括头盔、马鞭、马刺等。

赛马品种

优良的马品种是现代赛马的基础。通过育马人精心而系统的专门化选育，当今世界有了众多赛马品种。由于定向选育的缘故，不同赛马品种所适用的比赛类型也有所不同。本节就根据不同赛事类别，对主要的赛马品种作一些简介。

平地赛主要赛马品种

纯血马

纯血马最早在英国培育而成，是平地赛和障碍赛最主要的马品种，也是对现代赛马业影响最大的赛马品种。

世界上保持最纯洁血统的冰岛马

　　英国马匹改良开展较早，1140 年亨利一世就引进阿拉伯种马来改良本地爱尔兰马的速力。1684 年罗伯特·培雷上校在围攻土耳其的布达时获得了阿拉伯马培雷土耳其，并作为自己的坐骑。1690 年他骑着这匹马参加博伊奈战役，全凭培雷土耳其惊人的速度他才没被废帝詹姆斯二世的士兵抓住。后来培雷土耳其先后进入达拉谟和约克夏的育马场，它的孙子珀特纳成为当时纽马克最优秀的赛马，它的曾孙荷尧德的后代在 18 世纪末赢得了 1 000 多次比赛。优秀的成绩使培雷土耳其的血缘得以广为传播，也让它成为了纯血马三大祖先之一。另外两匹则是 18 世纪早期从中亚引进的。达雷阿拉伯是詹姆斯·达雷 1704 年从阿勒颇购得，著名的爱克利普斯就是它的后裔。哥德尔芬阿拉伯则是 25 年后引进的，它起初是摩洛哥国王送给法国路易十四的礼物，5 岁时被德比郡的爱德华·考克购得。以上述三匹优秀种公马为基础育成了著名的现代赛马品种——纯血马，后世纯血马血统基本都可追溯到这三匹马。尽管三大系祖影响很大，在纯血马繁育中还是不断有其他阿拉伯马血缘的渗入。早期纯血马育种者们并不重视母系的影响。20 世纪 80 年代的一份研究发现，虽然 80% 的现代纯血马在父系血统上都可以追溯到达雷阿拉伯，但是三大系祖对它们总的遗传影响只有 25% 多一点。就遗传基础而言，现代纯血马 80% 来源于 31 个祖先。在 20 世纪，英国育种者们开始改变他们闭锁繁育的方式，引进了塞·波德 II、尼琼斯柯和米尔·瑞夫等国外优秀种马的血液。随着赛马形式的变化，纯血马逐渐向中短距离速度型发展，最适于进行 1 英里左右的比赛。

近几十年以来，纯血马的培育逐渐由富豪们昂贵的爱好变为了一种国际化的商业活动。纯血马市场由少数的大型育种公司操纵，而英国众多育种者中大部分是只有一两匹纯血母马的农民，真正能赚钱的只是少部分拥有明星种马的育种商。种公马配

哥德尔芬阿拉伯马

种费是根据种公马及其后代的比赛成绩来定的，像名马塞德勒斯·威尔斯一个繁殖季节可配 150 ~ 200 匹母马，每次可获配种费 180 000 英镑。由于空运越来越便利，英国的种公马可以运往南半球再进行一季配种，这就是近年来比较受欢迎的穿梭育种。

纯血马体质干燥紧凑，富有悍威，在体型结构上具有典型的赛马特征。头轻而干燥，额广，眼大而有神，耳小而直立，鼻孔大，下颚发达。鬐甲发达且长，颈长直，斜向前方，肌肉发达。胸深而长，背腰结合良好，呈正尻形。四肢干燥而细致，肌腱发达，关节轮廓明显。蹄小，无距毛。纯血马一般体高在 152 ~ 172 厘米，体重在 408 ~ 465 千克。纯血马毛色种类较多，其中以骝毛和栗毛为主，黑毛和青毛次之。不少纯血马的头部和四肢有白章。纯血马虽以速力著称，但持久力并不显著，不善于长距离比赛。

纯血马遗传稳定，适应性广，种用价值高，是世界上公认的最优秀的骑乘马品种之一，对改良其他品种特别是提高速力极为有效。随着现代赛马运动在全球范围的普及和开展，纯血马在世界上分布甚广，欧美、大洋洲、亚洲都拥有大量纯血马，其中，美国、澳大利亚、爱尔

兰、日本、英国、法国、新西兰等是世界上纯血马繁育量较大的国家。

阿拉伯马

阿拉伯马是历史悠久的世界著名乘用型马品种，原产阿拉伯半岛，最早由游牧的贝都因人培育而成。原产地多为沙漠，气候干旱炎热，牧草稀少，在绿洲之间游牧经常需要长途跋涉，而阿拉伯马在育成过程中还曾长期作为战马使用。在这一自然环境和人文历史背景下，形成了阿拉伯马适应性强、速度快、耐力好等特点。

阿拉伯马扬腿英姿

最早的阿拉伯马有 5 个著名的血统，包括凯海兰、撒格拉威、阿拜央、哈姆丹尼和哈德拜族。宗教在阿拉伯马的育成过程中起到了重要作用。伊斯兰教义要求其教民爱护马匹，尤其要善待品种赖以繁衍的繁殖母马。由于对繁殖母马的重视，就形成阿拉伯马以母系为依据进行育科和血统记录的特点。而且品种和血统的纯正性一直是阿拉伯马繁育中最受关注的方面。

阿拉伯马具有典型的轻型骑乘马的体型。头形正直或稍凹，大小适中，形貌轻俊。前额宽广，眼距较宽，眼大有神，鼻翼宽阔，耳小直立，下额深广。颈形修长，正颈或鹤颈。背腰较短，比其他品种少一个腰椎和 1~2 个尾椎。肋拱圆，尾础高，四肢细长干燥，肢势端正，肌腱发达，关节明显，蹄质坚实，体质干燥、结实而紧凑。阿拉伯马毛色主要为青色，骝毛、栗毛次之，黑毛较少见。在头和四肢下部常有白章。阿拉伯马皮肤为黑色。一般体高在 140~150 厘米，体重在 385~500 千克。阿拉伯马灵敏而易于调教，性情温和，与人亲和力强，可与骑手有很好的互动。

阿拉伯马优良的竞赛性能和温驯的性情使它成为长距离赛事的首选马品种。其突出的持久力特别适合耐力赛，尤其在北美地区是广受喜爱的耐力赛用马，并在该项运动中居于统治地位。同时阿拉伯马也是平地赛事的主要马品种之一。阿拉伯马的温驯和易于调教也使之适合

混血经典：盎格鲁－阿拉伯马

于场地障碍、盛装舞步等马术比赛。

阿拉伯马由于其卓越的性能成为世界名马之一。在其育成早期，阿拉伯马由西亚扩散到北非地区，而后被引入欧洲、美洲和大洋洲。阿拉伯马对许多现代著名赛马品种都有过重要影响，如纯血马、美国标准竞赛马、奥尔洛夫马、夸特马等。目前阿拉伯马数量较多的国家有美国、加拿大、英国、澳大利亚、巴西等。

夸特马

夸特马是美国育成的乘用马品种，适合于从平地赛到马术比赛等多种运动项目，其中短程比赛的速力尤为突出。美国夸特马可追溯到17世纪。那个时候的美国马几乎都源自西班牙，具有明显的阿拉伯马和土耳其马血统。1611年弗吉尼亚州引入了英国马。这些英国马除拥有英国本地马血统外，也与美国的马一样，有着西班牙和东方的血统。这些进口的英国马与当地马杂交，逐步培育

夸特马

出体型紧凑，后躯肌肉发达的马匹。最初这些马主要用于犁地、运输木材、拉车、放牧和骑乘等杂役，但其全能性已初现端倪。在农务之余，马主还用这些马举办1/4英里的比赛（该品种由此得名）。获胜的马留作种用，其优秀的性能得以遗传。经过逐代选育，终于育成了全能性的，尤其擅长短距离冲刺的马品种——夸特马。

1940年美国夸特马协会（the American Quarter Horse Association，AQHA）成立，夸特马正式成为官方承认的马品种，开始了严格的品种登记工作。登记册上最初登记了20匹马。1号马是1941年夸特马竞赛的冠军。20号是AQHA首任主席所选的种马。其他18匹马是通过投票选出来的。协会成员希望所登记的马具有肌肉发达且体型低矮的特征（俗称"牛头犬"体型），这与肢体修长的纯血马的体型恰恰相反。起初AQHA只登记具有理想的"牛头犬"体型的马，不过后来几经波折后AQHA还是允许了纯血马体型马匹的登记。但现在夸特马的代表体型仍是牛头犬型。夸特马主要毛色为红褐色，其他毛色还有骝毛、黑色、棕色等十几种。

赛场上的夸特马

夸特马可谓多才多艺。除上面提到的出色的短程竞赛能力外，夸特马还在许多其他运动项目中表现突出，其中包括套牛、绕桶、分组圈牛以及西部马术等比赛项目。夸特马曾长期用于放牧牛群，与牛群朝夕为伍使夸特马具有了一些与众不同的能力。例如，几乎不受骑手的指挥，夸特马就可根据牛的跑动方向随着牛来回奔跑，最终把一头牛从牛群中赶出来。这一特性对于在开阔的牧场上隔离、捕捉牲畜相当有用。如今这一曾经只在牧场上才能得以表现的技能，已发展成为一种叫"隔牛"（Cutting）的竞技性运动。此外，夸特马还以性格温驯著称，与人有很好的亲和性，可以与小孩和睦相处，是理想的家庭用马。

快步赛主要赛马品种

标准竞赛马

标准竞赛马是世界上快步赛事中应用最为广泛的马品种。标准竞赛马的起源可以追溯至1780年在英国出生的纯血马"信使"，后来该马出口到美国。其后代"汉布莱顿10"成为标准竞赛马的始祖，几乎每匹标准竞赛马都可以追根溯源到这匹种公马。标准竞赛马是一个相对较新的品种，只有200多年的历史，但它是真正意义上的美国品种。

"标准竞赛马"这个名字与其培育初期的品种标准认证有关。在早期，只有1英里快步速度达标的马才能被登记为这一快步马新品种，标准竞赛马由此而得名。直到现代，该品种培育之初所用的1英里赛程仍是绝大多数快步赛事的标准距离。与起源于王侯贵族运动的纯血马比赛不同，体格健壮、步伐敏捷的标准竞赛马比赛则源自平民大众。最初标准竞赛马的比赛是在社区里举办的，后来才出现在正规的赛马场上。标准竞赛马比赛因体现着美国平民运动文化的内涵而深受大众的喜爱。

在体质外形方面，标准竞赛马类似于纯血马。但该品种肌肉更为发达，背腰略长，头也较重。体格不算太大，一般体高在150~165厘米，体重在350~450千克。标准竞赛马性情温驯且易于调教。该品种有多种毛色，以骝毛、棕色和黑色居多。

标准竞赛马有两种步伐类型，即快步和对侧步，后者一般要快于前者，比赛只在步伐相同的马之间进行。快步是一种对角线的步伐：右前蹄和左后蹄同时前进，而左前蹄和右后蹄同时向后蹬，反之亦然。对侧步则是同侧的肢蹄同时运动。该品种1英里对侧步比赛的世界纪录是1分46.4秒；快步纪录为1分49.3秒。

虽然标准竞赛马源于共同的祖先，但由于其两类步伐对应着不同的赛事，培育专门步伐的赛马就显得很有必要。现在无论是快步类型赛马还是对侧步类型的赛马都有其自己的培育方案。一般顶级的标准竞赛马的公马只用于繁育与之有相同步伐类型的后代。这样标准竞赛马实际上就形成了快步类型和对侧步类型两个品系。

标准竞赛马由于其严格的选种、选育而在步伐、速力等方面表现出出色的性能，成为快步赛事中最主要的马品种。除此之外，标准竞赛马还适合各类马术运动。

法国快步马

法国快步马是以诺曼底地区的本地马为基础培育而成的。19 世纪初法国兴起的快步马运动对该品种的育成起了很大的推动作用。最初纯血马和半血马以及诺福克快步马引入到诺曼底，与本土马杂交以繁殖轻型马后代，从而建立了法国快步马的五个重要血统。其中最优的一支是以吊钟花为始祖育成的。吊钟花是一匹 1883 年出生于英国的半血马，该种公马先后繁育了 400 匹快步马，其中有 100 多匹成为了冠军马的父本。在法国快步马的育成过程中，为提高其速力，也引入了美国标准竞赛马的血液，但该品种仍保持了其原有的主要特征。育成的法国快步马比赛性能卓越，在世界顶级赛事中有不俗的战绩。

在法国的快步马赛事中，法国快步马是最主要的赛马品种。法国的骑乘型快步马比赛（世界上绝大多数快步马比赛是采用轻驾车的方式），促进了体格更大、更富速力的法国快步马的培育。除了出色的竞赛性能外，法国快步马作为种用马还对塞拉法兰西品种的培育做出了贡献，同时它还是其他障碍赛马的父本。

作为一个育成品种，法国快步马具有品种特点显著的外形。法国快步马头部平直，与纯血马相似，但略显粗重，下颚较薄。颈部长度适中，与肩结合良好。鬐甲外形较圆，肌肉丰满。背腰强健，后躯肌肉发达。后肢略短，但强健有力。四肢关节强大，蹄质坚硬。法国快步马没有纯血马那样细致和干燥，但它体质结实而紧凑，精力充沛，易于调教。主要毛色为栗色、枣红色和棕色，也有一些马为花毛。该品种平均体高大约为 162 厘米。

为了进一步提高法国快步马的质量，在马匹参赛和选种选育方面法国有一些严格的规定。如法国快步马开始其比赛生涯前必须通过速力测试，而该项筛选几乎会淘汰一半赛马；公马只有取得了较好赛事成绩后才允许作为种公马。通过这些措施，保障了法国快步马竞赛性能的不断提高。

奥尔洛夫快步马

奥尔洛夫快步马的培育始于 18 世纪后期。俄罗斯人奥尔洛夫在 1775～1784 年建成了卡瑞洛夫种马场，开始了该品种的培育。1785 年奥尔洛夫获得了一匹阿拉伯马，并用它与从荷兰引进的母马杂交，得到了巴斯一号，该种公马成为现代奥尔洛夫快步马的始祖。在育成过程中，巴斯一号的后代与纯血马进行杂交，培育了许多优秀的种公马。在品种培育阶段还引入过丹麦乘挽兼用马、英国轻型马、土耳其马的血液。在育种策略上采用了复杂杂交的方式，在后代中针对体型、快步性能等进行严格的选择，优秀个体留种并进行闭锁繁育，以固定优良性状。到 19 世纪中期，该马品种基本形成，并于 19 世纪末引入欧洲。但在 19 世纪末至 20 世纪初，由于与美国快步马无序杂交以及战争等因素，使该马品种遭受重创，数量锐减。在这之后奥尔洛夫快步马品种不得不进行提纯、复壮，重新培育。

现代奥尔洛夫快步马有其独特的类型和体型。头匀称而轮廓明显，颈长且肌肉发达，略呈鹤颈。鬐甲较低而略宽，肩长宽适度，胸深背长，腰部平坦，肌肉发达，肋骨开张良好，臀部丰满，多正尻或卵圆尻。四肢肌腱不太明显，前膊和胫较长，而管和系较短，肢势端正。

奥尔洛夫快步马

蹄形较大而有少量距毛。毛色以青毛为主，黑、骝毛次之，栗色较少。由于该品种引入外血较多，品种内又可分为大重型（体格重大，肌肉厚实）、小重型（体格较小，但很厚重）、大快型（体高而干燥，富有速力）、中型（体格略小而干燥，有速力）等类型。其中的大快型是该品种中最优的类型，中型马在品种内居多。

奥尔洛夫马主要适用于快步赛。成年马 1 600 米的平均速度为 2 分 20 秒，最好纪录是 2 分 1 秒。奥尔洛夫马灵敏而有悍威，适应性强，繁殖性能好。顶级奥尔洛夫马繁育场主要有卡瑞洛夫、诺伍汤尼克夫、波姆和阿尔泰种马场。

北方瑞典马

北方瑞典马是瑞典仅有的本土马品种。它的起源可以追溯到历史上斯堪的纳维亚半岛的原始品种。在瑞典这个狭长的国家，由于各种社会和自然环境的因素，在一些地方形成了富有特色的本地马品种，成为北方瑞典马品种培育的基础。

19 世纪后期，瑞典引进过许多马品种，其中纯血马的影响最大。这些引进马与本地马进行大规模的无序杂交，血统纯正的瑞典马越来越少，严重威胁了瑞典本地马的种质资源。瑞典的有识之士意识到这一危机后，开始着手用血统纯正的马匹重建瑞典马品种。1894 年成立的瑞典育种者协会负责了本土马的提纯、复壮工作。该协会为所复壮的马品种定义了"北方瑞典马"的名字。1903 年在耶姆特兰省建立的种公马育种站在瑞典马复壮过程中起到了重要的作用。该育种站每年都从国内引入近 20 匹最好的公驹，成为优秀瑞典种公马的基地，加快了北方瑞典马的复壮过程。

北方瑞典马是冷血类马品种。母马的平均高度大约是 153 厘米，公马约为 157 厘米。该品种在体格上个体差异较大，尤其是繁殖母马。北方瑞典马头大小适中，呈楔形。颈部肌肉发达，与肩结合良好。肩部发育良好，倾斜适度。胸深而宽广，背长而肌肉发达。四肢比例匀称，关节强大，筋腱明显。运动中精力充沛且富有节奏感。毛色较杂，多为棕色、黑色、栗色等。北方瑞典马是少有的用于快步赛的冷血马。除快步赛外，北方瑞典马还适合于其他马术运动。

芬兰马

芬兰马是北欧马的后裔，历史悠久，有记载的历史就有 1 000 多年。它在芬兰历史上扮演过重要角色，是主要的军马和役用马。芬兰马长期进行纯种繁育。1907 年成立了由芬兰快步马育种协会管理的芬兰马登记机构，使芬兰马的纯种繁育制度得到了进一步加强。20 世纪以来芬兰马有两次较系统的育种规划，对该品种的进一步改良和提高产生了重大影响。1924 年芬兰马开始向重型的役用马和轻型马两个方向选育；1971 年新的育种规划则进一步细化了芬兰马的选育方向，将其分为役用、快步、骑乘和小型马四个选育类型。从那时开始，芬兰马的登记也相应地分成了四个类型，即快步马、骑乘马、役用马和小型芬兰马。有时一些马会同时登记在几个类型中。

芬兰马具有乘挽兼用型马的外形特征。芬兰马体型结实而紧凑，肌肉发达。头直而干燥，耳小而间距宽。颈长适中，发育良好。体躯较长，比例适当，多呈正尻，与尾部接合良好。四肢干燥，蹄质坚硬。芬兰马的典型体高一般在 150～170 厘米，但是小型芬兰马的体高一般在 148 厘米以下。绝大多数芬兰马的毛色为栗色，其他占比例稍大的毛色还有枣红色和黑色。该马品种性情温驯而灵敏，易于调教。大多数芬兰马体型较矮，运动起来稳定性好。

芬兰马精力充沛、快步速力出色、耐力好的特点以及温驯的性情，使之成为理想的快步马品种。大约 75% 的芬兰马用于轻驾车快步赛。骑乘也是芬兰马的主要用途之一。由于灵活而易于调教，芬兰马还适用于马术运动。

从 20 世纪中期开始，芬兰马的数量锐减。20 世纪 50 年代时尚有约 40 万匹芬兰马，大部分都为役用马。后来由于农业机械化的影响，马匹数量急剧减少，直到 20 世纪 80 年代情况才有所缓解。近 20 多年来主要由于快步赛事的推动，芬兰马的数量又有所增加。现在芬兰大约有 2 万多匹芬兰马，每年大约产 1000 匹幼驹。尽管有少量芬兰马出口，在国外也有一些小规模的芬兰马育种场，但总体而言芬兰马主要还是集中在其原产地芬兰，在其他国家并不普及。

多勒·康伯兰德马

多勒·康伯兰德马（简称多勒马）是产自挪威的哥德伯兰德山谷的一个古老品种。

挪威多勒马协会建立于 1967 年，其登记的多勒马分为两种主要类型——重型多勒马和轻型的多勒快步马。两个类型的多勒马都要接受严格的体检和分级鉴定后才能留作种用。重型的多勒马要测定挽力和快步性能，而轻型的多勒快步马必须在赛马场有上佳的表现才能用于育种。种马的肢蹄要通过 X 光检查，以防止将有缺陷的马留作种用。多勒快步马品种是通过不同品种间的杂交培育而成的。历史上一匹名为奥丁的英国纯血公马对多勒马的育成起到了很重要的作用。奥丁是所有现代多勒马的祖先。奥丁繁育了后躯强健的轻型马匹，进一步提高了多勒马的快步性能。此外在品种育成过程中阿拉伯马玛扎瑞、威克宝德、托夫伯莱、多伍等种公马也对多勒快步马的培养起过重要作用。由于农业机械化的普及，20 世纪后期多勒马的数量开始下降，但后来随着育种机构的建立和多勒马竞赛、娱乐功能的开发利用，其数量又逐渐回升。

多勒马

在外形方面，多勒马的两个类型都有浓密的鬃毛，强健的背腰和后躯，背长而适度倾斜。多勒快步马头较轻，体质干燥；而重型多勒马四肢较短，管骨粗壮，并有少许距毛。多勒马体高在 142 ~ 152 厘米。主要毛色为黑色、褐色和枣红色。多勒快步马具有出色的快步性能，是快步赛事优良的马品种。而重型的多勒马则主要用于农务。

障碍赛主要赛马品种

纯血马

纯血马不仅是平地赛事的最主要赛马品种，同时也是障碍赛的主角。其介绍参见"平地赛主要赛马品种"一节。

塞拉·法兰西马

塞拉·法兰西命名于 1958 年。该品种培育于法国北部。对该品种影响最大的是盎格鲁 - 诺曼马（由法国当地马与纯血马、阿拉伯马和快步马杂交培育而成，主产地在诺曼底地区），该品种最初只限于诺曼底的国家种马场，现已散布于法国全国。该品种 1965 年开始发布良种登记簿。

该品种头部清秀，颈部修长，肩斜而与颈结合良好；背腰强健，肋腹隆圆而饱满，后躯肌肉发达而强健有力，一般体高可达 160 厘米。毛色主要以栗色为主。该马品种具有良好的跳跃能力，适合于越野障碍赛和场地障碍赛。

塞拉·法兰西马

耐力赛的主要赛马品种是阿拉伯马。由于耐力赛较其他赛事类型少很多，影响力也较小，因而其主要马品种未单独列出。

从上述赛马品种介绍可以看出，尽管阿拉伯马历史悠久而影响深远，但最主要的现代赛马品种都在马业发达国家育成。赛马品种的培育与赛马业和社会经济的发展水平密切相关。宝马良驹可使赛事精彩纷呈，反过来赛马运动又是培育优秀赛马品种的最直接的动力。良好的社会经济环境为培育赛马提供了基础条件。纯血马和标准竞赛马作为最有影响的两类赛事——平地赛和快步赛的最主要马品种，都是在当时的头号经济强国，也是赛马业最发达的英国和美国育成，似乎也印证了这一点。虽然现代赛马的培育无不以取得最好竞赛成绩为最终目的，但动因却略有不同。北欧国家以本地马为基础的赛马培育，一个重要考虑就是保护本国马品种遗传资源，这是很值得我们学习的地方。

PART 6 项目术语

缩短脚蹬

跳障碍时所用的脚蹬，比基本骑乘或马场马术时要短大约四到五个革洞。许多骑手当第一次将脚蹬缩短后，原来已经做得不错的骑坐姿势都走样了。

前倾姿势

在马儿飞跃障碍的瞬间，骑手必须以前倾姿势骑乘，以避免压迫马背或拉到马头，使得马跳不起来。有时候在野外骑乘或训练马匹时，也可采用前倾姿势，能减轻马背与后躯的负担。将脚蹬由基本骑乘时缩短二到四个革洞，骑手的背部稍微往前凹，上身轻度前倾，臀部浮在马鞍上约五公分，背部伸长，头抬起来向前看，大腿、膝盖紧贴着马鞍，小腿位于肚带后方贴在马肚上，脚跟向下踩。这就是前倾姿势，快步与跑步时都一样。

过低横木

低横木又称过地杆，就是横放在地上的连续几支木杆，刚开始时可直接放在地上，后来可加高 20 ~ 30 厘米。开始时以慢步通过一支，再增加为两支、三支，直到最多六支。接着以快步通过两三支，直到最多六支。每支横木的间距，慢步时约 75 ~ 90 厘米，快步时约 130 ~ 150 厘米。通过低横木，除了可用来调教马匹外，更可以让学习障碍超越的骑手熟悉马在通过横木时背部大幅度起伏的感觉。

单道障碍

先从一道障碍开始练习跳跃，用两支障碍木杆架成"X"形交叉，是训练新障碍骑手与新马很好的开始。在开始练习时，可先以快步进入障碍，熟练之后再以跑步进入障碍，因为快步比跑步有较充足的时间，让马儿与骑手准备做好该做的动作。千万不要误以为，跑步比较有动力，比较容易跳。如果快步跳不好，跑步跳时一定更慌张、更跳不好。在障碍之前一定的距离放置一支低横木，也是很好的辅助训练方法。以快步跳障碍时，低横木应距离障碍 250 厘米，以跑步跳障碍时，距离为 350 厘米，随着障碍高度提高，低横木的距离可稍微增加。

体能障碍

用连续的几道障碍栏杆，加上一些低横木，各个障碍之间的距离及与低横木间的搭配，都经过仔细的设计与丈量，这就是一个体能障碍的组合。体能障碍的设计有非常多种，每一个设计都有其对人对马的训练目的。例如：让马匹后肢深踏，使用腰背跳跃，判断正确的起跳点，跳起来以后收缩前肢与收缩后肢，加强后驱的爆发力，快速的反应等等。教练依照骑手与马的程度，设计不同变化与高度的体能障碍，是障碍超越训练的核心。

简单路线

当骑手已具备了跳跃障碍的基本能力之后，偶尔也可尝试跳跃一整场的路线。从简单的路线开始，渐渐复杂。其目的在于训练骑手快速记忆路线的变化，并正确的处理，以具备将来参加比赛时应对千变万化的路线图的能力，障碍的高度不是路线训练的重点。

进阶技巧

障碍超越比赛，除了不踢杆不拒跳以外，使用时间往往也是胜负的关键。骑手如何在复杂的路线中争取时间，就成了关键的技巧。例如：如何让马在着地后使用正确的前引肢跑步，以便于马上转弯；如何控制马斜向跳跃障碍，以缩短路线距离等。

负磅

为参加比赛的马匹配备一定的重量，使其保证参赛水平的统一。具体地讲就是：在一场比赛中，报名参赛的马匹评分或级别不等，这时就需要为他们平磅使其达到相同的标准。

班次

指的是马匹参加了何等类型和级别的比赛。

出赛总数 6 （1 - 1 - 2 - 0 - 1）

括号前的第一个数字 6 为该马匹一生所出赛的总次数；括号内的第一个数字 1 代表该马匹曾获得头马的次数；括号内的第二个数字 1 代表该马匹曾获得第二名的次数；括号内的第三个数字 2 代表该马匹曾获得第三名的次数；括号内的第四个数字 0 代表该马匹曾获得第四名的次数；括号内的第五个数字 1 代表该马匹曾获得第五名的次数。

沿途走位 12 - 9 - 8 - 8

这是表示该马匹在某一个距离时的位置；第一个数字 12 代表该马匹在开闸后五米的位置；第二个数字 9 代表该马匹在最后八百米的位置；第三个数字 8 代表该马匹在最后四百米的位置；第四个数字 8 代表该马匹在最后二百米的位置。

彩衣

彩衣的图形及颜色是根据各马主在马场所注册的出赛衣服，其所属马匹每次出赛，骑师都会穿上这件彩衣上阵。但如果该马匹的马主并没有注册任何彩衣，将会根据出赛马匹的马鞍号而决定彩衣．如：策骑 1 号马的骑师必须穿红色彩衣，策骑 2 号马的骑师必须穿橙色彩衣，依此类推。

日赛

正常赛事可在白天、黄昏、夜晚举行，其中赛事被安排在白天举行的为日赛。

试闸

这是用来衡量一匹新马是否有资格参加比赛的手段和依据，即：马匹顺利进闸并在规定下跑完全程，需记录其结果以做日后参赛之参考。一匹赛马必须通过两次记录结果的正式试闸方有资格参赛。

马鞍号

出赛马匹在每次比赛被分配的马号，以便识别。

马匹装备

马匹参赛时所须之配备，必要的鞍具（马鞍，系鞍腹带，马肚带，马蹬铁，马鞍垫等）骑师必须佩带头盔，穿着彩衣。马匹若被申报配带特殊之装备，在前往起步点和赛事进行时必须全部戴上。特殊装备包括：防沙眼罩、眼罩、绷带、大嘴环、结舌带等。

马闸号

赛马被安排在哪个档位里比赛，是随机抽签出来的。每场比赛的起点都放置了马闸用于公平开始比赛之目的。所有出赛马匹都需要从一个闸箱内开始。出赛马匹从该马闸号的闸箱内开跑。

见习骑手

在本赛马会已获得比赛策骑之牌照，见习骑手无权选择策骑对象，必须在赛马会安排或其练马师指示下策骑。

见习骑手让磅

除在一场赛事的条件内另有规定，任何获准策骑出赛的见习骑师均可由其获得此项批准的日期开始即有权向赛事委员会要求在任何平地赛中获得让磅。让磅的标准由赛事委员会决定。一般情况下，在本赛马场的见习骑师均可让磅 3 千克；在胜出 10 场比赛后，见习骑师的让磅将减少 1 千克，变为 2 千克；在胜出 20 场时，可让磅 1 千克；在胜出超过 25 场后，见习骑师将不能获得让磅。当胜出场次达到更改让磅标准时，每位见习骑师和其练马师均须向马场赛事委员会报告。

帕沙齐

这是盛装舞步中一种有规则的、极度收缩的、四肢高抬的、富有韵律的快步。其特点是后肢明显发力，膝关节和飞节充分屈曲，动作优美而富有弹性。对侧肢轮流抬高和落地，有节奏并且腾空时间较长。原则上，一条前腿马蹄抬起的高度应达到另一前腿小腿管骨的中间水平，一只后蹄抬起高度应略高于另一后肢的球节。

皮埃夫

这是盛装舞步中在原地进行的，高度收缩、韵律明显，对侧肢高抬的快步。马的背部柔软而有弹性，后躯稍微落低，腰臀部和活跃的飞节很好地发力，使肩部和前躯轻松自如，机动性强。每对对侧肢轮流高抬和落地，节奏均匀。原则上，一条前腿的前蹄抬起的高度应达到另一前腿小腿的管骨中间水平，后蹄抬起应达到另一支撑的后肢球节以上。

骑手的基本技术

上马和下马的技术

上马

上马前，先检查肚带是否系紧，以防止马鞍滑动。把镫放下，调整镫革到合适的长度，然后把鞍翼展平。

从马的左侧（近侧）上马。骑手的左肩靠近马的左肩，左手持缰和马鞭，为骑乘时需要，缰绳要分隔开，长度适当以防止马匹移动。右缰要比左缰稍短些。

左手放在鬐甲前面，右手按顺时针方向旋转马镫，然后左脚踏进镫内。脚尖位于肚带下面并向下压但不要伸入马的腹侧太深。旋转身体面向马身，右手放在鞍的外侧或者放在鞍的前桥上，轻轻跳起，伸直双膝，右腿跨过，小心不要碰着马的后躯，同时把右手放在前鞍桥上，轻轻落坐到鞍的最深部位但不要突然落下，迅速把右脚放入镫内，双手持缰。不论是从马的左侧还是右侧上马和下马，这是正确的、有效的方式。上马以后，别忘记慢步一段距离后要检查肚带的松紧，必要时再系紧一下。

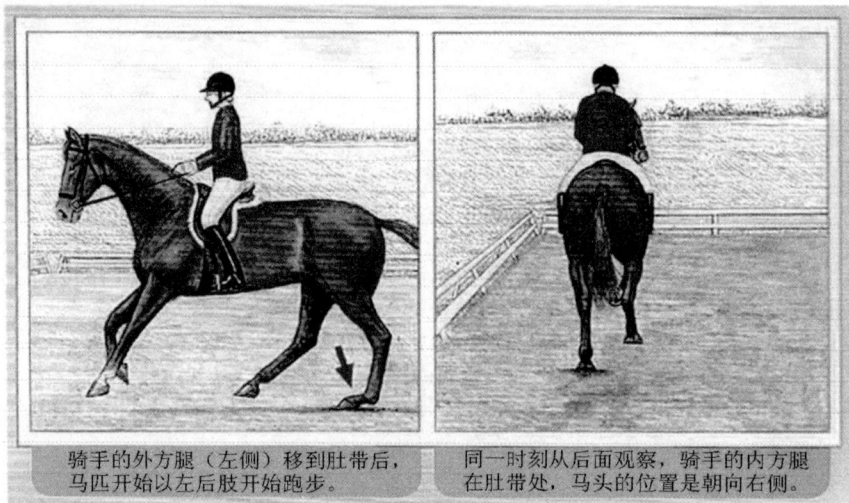

骑手的外方腿（左侧）移到肚带后，马匹开始以左后肢开始跑步。 同一时刻从后面观察，骑手的内方腿在肚带处，马头的位置是朝向右侧。

肚带的使用

下马

下马时（从左侧或就近一侧）双脚从镫内抽出，把双缰和马鞭都交给左手，左手放在马颈的上面，右手放在鞍的前桥上，右腿干净利落地跨过马的后躯，双脚轻轻落地。下落时要屈膝，小心别碰撞马的前腿。下马后，右手接过缰绳，持缰位置在离衔铁较近的地方。

踏镫下马。这种方法不太提倡，但是在不得已或者有助手帮助控制马的情况下可以使用。

从左侧下马，左手持缰绳和马鞭并放在鬐甲前的马颈上，右手放在鞍的前桥上，同时右脚脱镫，右腿轻轻跨过马的后躯，同时右手放在鞍座上，左脚脱镫，双脚落地。

调整马镫

上马前，必须大致调整马镫的长度。面向马鞍，右手指触到镫栓，调整镫革使镫铁末端达到骑手的腋下。再站在马的前面查看，把两个马镫调整到同一高度。

上马后，落坐于中央，双腿轻松下垂。然后调整镫革的长度，使镫踏板与骑手的踝骨平行或略高一点。

如果镫革太长，会失去平衡而不安全，当马快步时骑手会脱镫而向后摔落，或向上夹紧时脚跟高于脚尖。

如果镫革太短，骑手会落坐在马鞍的上部而不是鞍内，或者坐得太靠后。

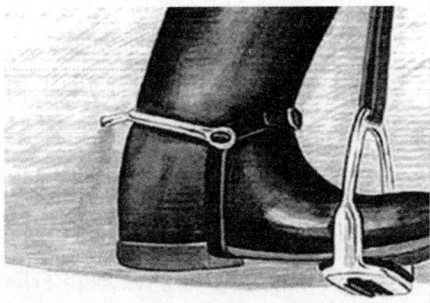

马蹬、马靴与马刺

镫革太短，大腿在骑手身前会突出太多，使骑手重心前移困难或者失去平衡，小腿的使用又受到限制。

乘马训练时发现，稍长的镫革更轻松有效。根据骑手不同，训练科目不同，镫革需要的长度也不同。

调整左镫时，将缰绳交给右手，左手握住镫革游离端，大拇指按在镫革扣的上部，食指拨动扣舌，其他三指继续握住镫革游离端，拨出扣舌并调整到适当的孔内。往下拉内侧的镫革，使带扣向上移动到镫栓附近，然后放下镫。千万不要把脚从镫中抽出。

必须养成不用向下看凭感觉就能调整镫革长度的习惯。

马背上系紧肚带

在左侧系紧肚带。把缰绳和马鞭交给右手，保持脚在镫内，左腿前移，左手伸到鞍翼下面，然后用紧镫革的方法收紧肚带。通常肚带在鞍的两侧相同高度上都有带扣。当骑手调整后，应把护扣革放平。

辅助上马

一般称为"抬腿上马"。首先检查肚带是否系紧以防滚鞍，再把镫放下。

骑手左手收紧双缰并放在马的鬃甲上，右手放置在右鞍裙的一侧。

如果有马鞭或马杖，要放入左手。

骑手靠近马面对马鞍，向后屈曲左小腿。

辅助者正好站在骑手的左侧，面向骑手，左手放在骑手左小腿膝下，右手环握在骑手脚踝下面。

信号一致后，骑手右脚向上镫起，保持背部平直，双肩部与马体侧平行。

同时，助手向上抬起骑手的左腿，一直向上用力，而不是推向马。

此时骑手必须保持背部垂直向上，而不要向前倾。

当骑手能够干净利落地将右腿越过马的后躯时；身体向前旋转，轻轻坐进鞍中。当骑手转身时，助手停止用力。

骑手在鞍上的姿势

骑手在鞍上的正确姿势非常重要，它有助于正确地运用扶助，与马保持平衡，有效而轻松地骑乘。

基本骑姿

在马上，骑手必须坐在鞍座的最深部位，骑手的臀部与马的臀部呈正方形。

骑手会感觉到自己的体重被坐骨两侧平均分担，骑手必须保持身体是垂直的（图7－1a）。

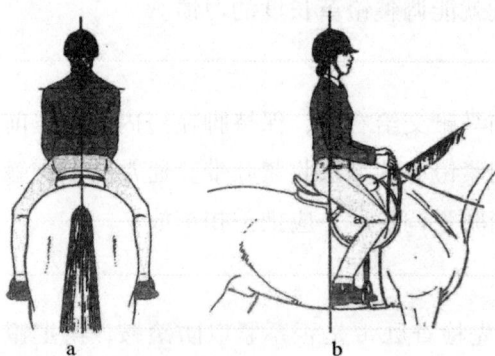

a. 后视；b. 侧视

图7－1 正确的骑姿

骑手必须向前进的方向看。当身体垂直时，要保持柔软而不要僵直。臀部、大腿和膝关节与鞍自然接触，这样才能让膝关节以下部分轻松依靠在马的体侧。

骑手必须始终与马的运动保持平衡。只有臀部柔韧，脊柱和肩保持弹性，才能做到这点。

脚掌要始终放在镫的底部，并用适当的压力保持马镫的相对稳定。

脚不要偏向一侧或其他方向。

从脚后跟到脚尖连线的方向应指向正前方。踝关节始终保持柔韧，脚后跟要略低于脚尖（图7－1b）。

从侧面看，从肘端通过手沿着缰绳到马嘴应是一条直线（图7－2）。

联系

手的动作不依赖身体，这点非常重要。手的动作要与马嘴的运动相协调。当马的头和颈运动时，你的手要随着运动。

手的运动主要靠肩和肘的柔软性和灵活性。手腕要保持柔软但不要弯曲。

当持缰时，手掌会感到一定的重量。最好在任何时候、在任何步法上始终保持这种感觉，这就是所谓的"联系"。

当接受联系时，马会感到高兴而不会感到疼痛和不适。只有骑手与马头和颈的运动相协调，马才有这样的感受。骑手只有做到骑坐独立时才会达到这种状态。（不要靠缰绳来保持平衡）

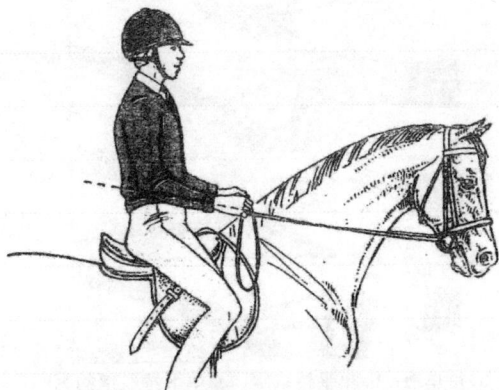

图7－2　从骑手肘到马嘴的连线

保持联系，会给马以舒适和自信，感觉既不过轻也不过重。

当马的头上下运动时，可随着改变手的高度，从而保持肘—手—马嘴呈一直线，手和腿始终保持与马的运动相配合。

持缰时，大拇指要始终向上；手背向外（图7－2）。要保持手腕的状态，前臂和手背下边要呈一直线。

不要让手腕变得僵硬和紧张，这会使肘和肩变得紧张和僵硬。

持缰

持单缰：缰绳可直接通过手掌的无名指和小指之间，然后从手掌内侧越过食指，大拇指压在上面。无名指控制着缰绳的着力点非常重要，它是离手掌最近的关节，其他手指安全地紧握缰绳但不要僵硬。这种持缰方式，可以防止缰绳从手掌滑脱（图7-3a）。

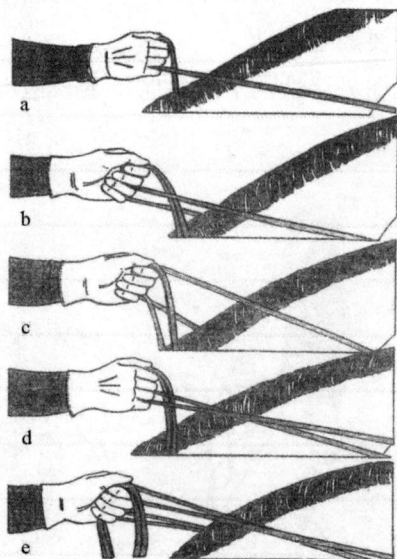

a.持单缰；b.单手持双缰；c.单手持双缰的另一方式；d.持四缰（双勒时）；e.单手持四缰

图7-3　持缰

单手持双缰（图7-3b和图7-3c）有几种方式。通常的方式：右缰通过左手的中指、无名指之间穿过，然后左缰和右缰的余缰用大拇指和食指来控制（图7-3b）。另外一种方式：左缰穿过小指外方，右缰穿过大拇指和食指，右缰放在左缰上面，它们在手掌里交叉，右缰的余缰通过小指和手掌之间，而左缰的余缰通过拇指和食指之间（图7-3c）。哪只手都可以用这种方式持缰。

持四缰（双勒时）：除了每个手掌的小指分隔缰绳外，其方式如同持单缰。小勒的缰绳一般在外侧（图7-3d）。

单手持四缰（图7-3e）：把一只手上的缰绳交给另一只手，缰绳通过手掌时用中指分开，余缰越过食指用大拇指按住。

马运动时的骑姿

慢步：慢步为四节拍步法。除了臀部和腰部随着马自然运动节拍轻柔地运动外，整个身体不要晃动。骑手的肘关节和肩关节必须动作流畅，这样才能保证在自然运步时手与马头、马脸相协调。

起快步（"轻快步"或"起浪"）：快步是两节拍步法。运步时，斜对角的两肢同起同落，并与另一斜对角两肢交替进行，每次运步中间有一个腾空期。快步时骑手的身体于一个节拍起立而在下一个节拍时坐下。这叫"起浪"（图7-4）。当上升到快步时，上身要从臀部适当前倾，以便和马的运步保持平衡。在起立时，肩膀在引领着动作，而不是臀部前移。当马在向上运动时，身体回坐到鞍上要感觉平稳而不失去平衡。重心不要落在鞍的后面，那会使骑手跟不上马的动作。注意腰部不要太软，否则会导致弓背。当臀部和膝关节开张和闭合时，要保持柔软和灵活，以适应运动的起落。重量在马镫上，小腿接触保持不变。肘和肩关节要保持柔软和灵活，以保证在鞍上起落时，手的联系不变，始终与马保持稳定的联系是非常重要的。

起坐转换：当骑手落坐时，马的左前肢和右后肢着地，称左起快步；当骑手落坐时，马的右前肢和左后肢着地，称右起快步。一般来说，向右时（用右缰）用左起快步，向左时（用左缰）用右起快步。改变起快步（改变对角线骑乘）时，骑手在再起立前，要在马鞍上

图7-4　起快步，落坐于右对角肢

多坐一拍。当改变方向时，或者野外郊游时，要不时地变换起快步，以起到保持马体两侧肌肉平衡的运用。

平快步（压浪）：平快步是骑手每个节拍都落坐在马鞍上。骑手必须姿态正直，臀部和背部要保持柔韧，以吸收马的运动力量。平快步一般在调教马时常用，目的是让骑手始终与马鞍保持贴附状态。只有在马背部肌肉充分发育并能有效携带骑手时才能使用这种方法。如果马没有准备好就用这种方法，马会凹背和抬头，马的飞节就会失去柔韧、弹性

和效力。平快步一般用于改善骑手的骑姿。当从平快步变为起快步或由起快步转变为平快步时，并不改变马的步伐。

跑步：跑步是三节拍步法。正常情况下，当让马跑步转弯或圈乘时，骑手要让马内方前肢领跑。在跑步状态下，臀部的柔韧是非常重要的。骑手的上身要随着马每步中的三个节拍而运动。在三个节拍上你要始终保持臀部与马鞍紧紧贴附，通过背部和臀部的柔韧和弹性才能保证贴附。肩和腕关节的柔韧和灵活机动也很重要，要充分考虑到马头和颈的运动。如果骑手的背部僵硬，就会在鞍上颠簸，这对马和骑手来说都非常难受。

袭步：袭步是四节拍步法，是马运动时最快的步法。骑手的重心应当前移到膝关节和马镫上（图7－5a）。缰绳要缩短，肘—手—马嘴的直线仍要保持。当重心前移而又被马所接受，对马来说非常省力。为了保持这种姿态，镫革要相应缩短，避免在马背上失去平衡和颠簸。

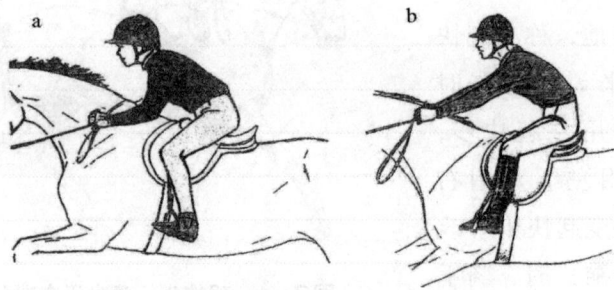

a.正确的骑姿；b.失去平衡

图7－5 袭步

步法转换（改变步法或速度）：转换时，最主要的一点是身体要和马的动作保持平衡。向上或向下转换时，要从容而柔韧，既不要加速时后仰，也不要减速时前倾。要消除因身体甩动，低头向下看或者倾斜给马造成的影响，这些会使马失去平衡。特别是马由快步向跑步转换时常会发生，这也常常是马用错领跑肢的原因。

圈乘和改变方向：要保持体重在坐骨上左右平分，确保坐在鞍的中央，既不要向内滑动，也不要向外滑动。臀部要与马的臀部平行，肩部要与马的肩部平行，目视前进的方向。

内方和外方：内方是马运动的内侧，也就是说当马向左环行时，内方就是马的左侧。外方就是马运动时的外侧，同样，当马在向左环行时，外方就是马的右侧。

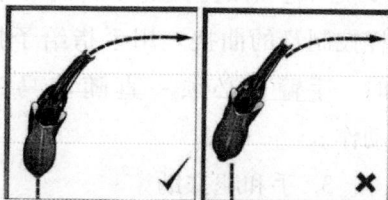

转弯的技巧

曲挠：当马曲线行进、转圈或拐角时，马体呈一个曲线，马必须从头至尾按照行进曲线均匀弯曲，术语称为曲挠。

扶助中的技术

扶助是骑手用身体与马交流的语言。扶助始终要快而简练，并能使马迅速回应。扶助有两种：自然扶助包括腿（小腿）、手（手指）、身体和骑坐的影响，还有声音；人工扶助包括马鞭和马刺。

自然扶助及其运用

1. 双腿

大腿放松，臀和膝关节保持柔软，小腿均衡地依靠在马的体侧。当不实施扶助时，腿的联系要一直保持，并且稳定、明确和不变。

（1）内方腿扶助：用内方腿快而轻地向内叩击，可产生冲劲，适用于任何时候。向内轻而逐渐地施压，可以促进马正确地曲挠。

（2）外方腿扶助：外方腿用两种方式影响后躯，协助内方腿催马前行。在肚带后方靠小腿不断地施加压力，控制和引导马的后躯侧移。腿要不断地施加压力，直到纠正动作或侧移动作完成为止。

2. 手扶助

手扶助，意思是用缰来指示马，始终保持与马嘴的联系流畅而平稳。做到这点必须是骑手保持平衡和肩、腕关节的柔软。

（1）内方手扶助：用内方手指快速地收放缰绳来指引方向（手指的挤压）。

（2）外方手扶助：用外方手手指的快速收放来控制和调整速度和步伐（手指的挤压）。外方手也同样控制马的曲挠。用手指给予扶助时，手臂也必须一直随着马头的动作。

3. 手和腿扶助

通过手和腿的合作，获得期望的步伐或想保持的步伐。马后肢和后躯所产生的动力会自然地被骑手的手吸收。马始终在骑手的两手和两腿之间，行进平衡，构成"人马合一"。

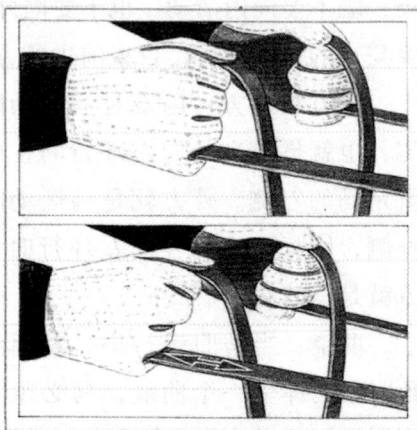

运用所有缰的辅助，是轻微地拿一点给一点。手一定不要向后拉马或拿着不放。

运用所有缰的辅助

骑手将他的重量通过膝关节落在脚掌上。骑手保持平衡状态且能够与缰保持不变的联系。

初学者，不能够保持很好的平衡，滞于运动之后，不能够控制自己的手，这些都是因为骑手不能控制身体所致。

骑手保持平衡的技巧

（1）慢步和快步时：骑手用马后肢产生的动力，促使马慢步或快步行进，手要随马头和颈运动。用外方手控制马的速度，内方手掌握运动的方向。

（2）跑步时：向左行时，确认马已有冲力，然后左缰给予轻微扶助，右腿向后给予跑步扶助。向右跑步时，用右缰和左腿。

（3）速度或步法的递减：用外方手的手指快速收放来传达指示，同时内方手手指用同样方式来保持方向。

（4）扶助配合：当骑手做出扶助时，旁观者一般看不出来，而马却非常清楚。

4. 骑坐的影响

怎样骑坐得自然和轻松，以及如何曲体来适应马的运动，这对年轻骑手是最重要的一点。对于训练好的，肌肉发达的马来说，正确地使用骑坐的扶助（包括背部在内）可以产生强有力的推进，但要慎重地使用。骑手必须始终保持平衡，并清楚骑坐和体重的影响。

5. 语音

在训练马的初期阶段，语音常与其他扶助配合使用，用声音来引导马，如说"慢步、快步、跑步、不怕、停止"。

许多信号会使马匹混乱，导致它们认为忽略那些乱七八糟的指示更好。

给马的指令一定要准确、标准动作。

（1）表扬马：经常用语音来表扬马或安慰马。最常用的方法是当马表现很好时给予肯定或表扬，同时用手来拍拍马的颈部，意思是"谢谢你"。

（2）自然扶助：合理运用而不用任何改变，适用于所有正规骑乘科目的标准步法和标准动作。

人工扶助及其功能

1. 马鞭

马鞭经常用来加强骑手腿扶助时使用。马鞭也同样用来纠正或训练马，但不要在发火时暴打马。当腿扶助失效时，要重复进行，同时在腿扶助后再用马鞭，即在骑手用内方腿要推进后，外方腿在控制后躯或起跑之后使用。

平时，因为马常常不服从内方腿，马鞭通常放在内方手里。当改变方向时必须把马鞭交到正确的手中。

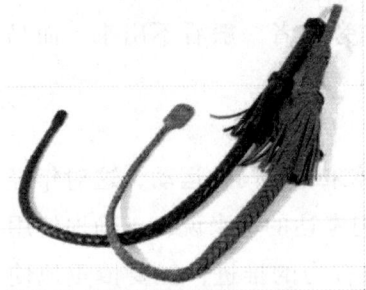

马鞭的种类有以下几种。

标准鞭：长约74厘米（2英尺6英寸）。适合一般用途和跳越障碍。应握住马鞭最上端，用马鞭时，该手中缰绳要移开。马鞭从一只手换到另一只手时，首先把缰绳和马鞭都放在一只手中。然后用空手，大拇指向上，从另一只手上抽出马鞭，再重新持回缰绳。

长鞭：长约91厘米（3英尺）。常由有经验的骑手用来训马，一般双手持缰，持鞭应在靠近鞭把头的部位。跳障碍时不得携带长鞭。

牛皮马鞭

长鞭由一只手转交另一只手时最简单，通常的方式是：马鞭要越过马的鬐甲，弓形顶点位于骑手手的正上方。例如，如果要将马鞭从右手移到左手时，双缰要交与右手，左手的大拇指和食指从右手的下面移到上方握住马鞭，右手松开马鞭，左手持鞭回到原位，取回左缰。

马杖：马杖主要用于表演，用时一般握在平衡点上。

猎鞭：猎鞭一般都有鞭绳和鞭鞘。鞭绳一般用皮条编织而成，鞭鞘用一块丝绸或皮条系在尾端。杖钩在手下面，鞭绳通过手掌而垂下。

猎鞭有几种用法：①增强腿的扶助；②协助骑手开门、把门和关门；③秋猎时，来敲击马鞍，发出声响；④驱赶猎犬使其不要离马太近。

2. 马刺

马刺由金属制造，没有毛刺和锋刃的马刺才能使用。马刺应向下弯曲，方向朝后且长度不要超过3厘米。

马刺通常由有经验的骑手增强腿扶助时使用。使用时，骑手不要太用力，脚后跟稍向内，小腿内侧接触马的体侧。

戴马刺：马刺一般向下轻度弯曲，长边在马靴的外侧。马刺皮带要有足够长，能把马刺系在马靴的接缝处，皮带的颜色应与马靴的颜色相同。马刺皮带扣在外侧，穿时要尽可能系紧。

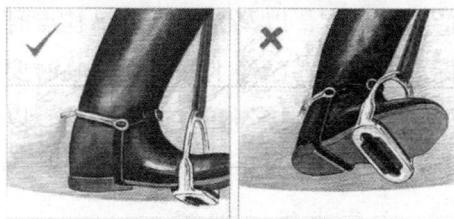

马刺的正确使用

骑手专项技术的训练

走马的训练

吊马

1. 吊马的方法

比赛之前，有经验的骑手都要调教参加比赛的马匹，一般要进行数月的"吊马"（即把马拴在木桩上）。从清晨吊到下午，然后骑马练跑，使其大量排汗，牵回刷洗干净之后，夜间喂以青草精料。吊马主要是驯服马的野性，使其失去桀骜不驯的狂躁，同时锻炼马匹忍饥挨饿和储蓄精力的能力，使马匹对于长时间的奔跑做好充分的准备。

2. 注意事项

马匹吊挂在吊马桩时，请确定笼头已扣好，牵马索已绑好，以免当骑手在马旁边工作时被马回头咬着。绑牵马索时不可以打死结，要打一拉即可全部松开的活结，以免紧急时解不开牵马索。

平时吊挂马匹最好是用两条牵马索分别吊挂于笼头的两边。必要时用单条牵马索吊挂马匹时，牵马索长度不可留太长，以免马自己绊倒。

适当的长度，以马笼头靠近吊挂点时，牵马索垂下来不低于马的膝盖为标准。如果马已经上好缰绳又临时要吊挂，一定要套上笼头，千万不可以用牵马索直接勾在口衔上吊挂，以免马紧张时把嘴角撕裂，同时也要确定收好脚蹬与手缰。

走马步伐的训练

训练初期主要练习走马的步伐，要求不疾不徐，有固定的节奏，每天上午和下午让专人牵马穿行梯架，使马的前蹄拔高，近于胸腹部。待步子功力足，突然起跑稳，跑技熟，再训练跑技与速度并重的骑术，同时培养马在竞走中如何加鞭超速以战胜对方的灵性。训练时，一般采取直线奔袭目标的方法，骑手操纵缰绳控制马匹奔走的节奏和步伐的大小，双脚要随着马匹步伐的行走而稳定，不能夹紧马匹，也不能松垮，只要保持马匹的步伐平稳、交叉有序即可。

走马的训练，需要吃苦大、功力深、练骑久，必须聘请著名骑手作为教练，至少每隔 3 天训练 1 次奔跑技艺。

人马合一

走马的训练，往往需要花费一年半载的工夫才能够训练好参加比赛。首先，要了解坐骑习性，这绝对不是一件简单易行的事。数百匹马的马群里，好走马的不过一两匹，而且还得由经验丰富的骑手来训练，这需要人与马要有相当的默契，一匹马得经过三五年的磨炼，才能学会走马的技术，达到"人马合一"。

走马的耐力训练

走马要求耐力与技术相结合，其训练方法与长距离赛马的训练方法非常相似。走马训练以发展一般耐力训练为主。一般耐力训练可以参照长距离赛马的一般耐力训练方法进行练习。走马的技术是非常重要的，所以要把走马的重点放在技术上。练习的方法可采用单一或组合练习，也可采用持续练习法和间歇练习法。

速度赛马的训练

跑道训练

速度赛马除了要掌握好基本的骑乘技术以外，更多的是要比速度，这样，跑道训练就显得尤为重要。本部分重点介绍跑道的训练。

经过一段时期的初步训练，骑手会掌握一些基本的骑乘技巧，赛马也会变得温驯起来，这个时候我们就应该让马匹进行跑道训练了。在正常情况下，马匹要先经过持续 3 个月以上的跑道训练，才能正式参加比赛。

1. 训练步骤

（1）第一阶段（第 1～2 周）

在训练刚开始的两周，马匹所接受的课程主要是快步和缩短跑。每天进行 4000 米，每周训练 6 天。就好像骑手在训练初期要通过的"肌肉关"一样，马匹在经历这个过程以后身体的柔韧性会有一定程度的提高，在以后的训练中发生问题和伤病的几率也会降低。如经过这两周的训练后马匹一切表现良好，那么就要增加强度了。

（2）第二阶段（第 3～4 周）

在第三、四周，除了前面的训练之外，每周要加上 2～3 次的 1000 米跑。

（3）第三阶段（第 5～9 周）

在第五、六周，1000 米跑中加入 600 米的袭步。第四个两周开始在训练中穿插游泳练习。第五个两周，一些初步的训练成效应该已经显示出来了，这时要开始每周至少一次的快袭步训练。这里要注意的是快袭步的运动量非常大，运动之前要充分热身以免马匹受伤。

（4）第四阶段（第 10 周）

开始让马匹练习冲刺。此时还用不到推进和打鞭，但要在每次冲刺练习之后仔细观察马匹的精神状态和呼吸频率，这是为了考察马匹的实际疲劳程度，看它是否还有余力。要及时将这些信息传达给练马师，好让他根据实际情况安排日后的训练计划。

（5）第五阶段（第 11 ~ 12 周）

第 11 周，应该让马做上赛道的准备了。马匹在大型赛道上往往会比较兴奋，有时甚至由于冲动而忘记一些骑手对它的指令。为此我们就需要先在小场地进行一些热身活动，比如马场马术的练习。这样上跑道后会降低马匹的兴奋度，避免受伤。这种训练对调整比赛前马在马闸前方等待进闸时的情绪也有作用。

第 12 周，我们已经确定了这匹马适合跑什么距离段的比赛。这时要展开一些有针对性的训练。

2. 不同距离的赛马训练

根据不同距离的赛马，训练方法可以采用持续训练法、间歇训练法、循环训练法或重复训练法。

（1）短距离赛马

最常见的短距离赛道是 1000 米，对马来说这就类似于人类的百米赛道，完全靠无氧运动完成。所以短距离比赛的成绩主要由马的爆发力决定，训练也要以这方面为主。这种能力的训练主要靠间断性发力来练习。具体方式是以 400 米为一个冲刺距离，每轮训练安排 3 ~ 4 组冲刺，每组之间间隔一段伸长跑，让马匹调整换气。这里要注意的是，在伸长跑与全速跑时，骑手都要尽量让马头向前向下伸展开，这种状态下马会更多地使用腰背部的力量，步幅也迈得大。而如果马抬着头跑，则腰背部的力量就很难用到，使四肢极易疲劳，耐力大大减弱。

短距离赛马的训练主要以发展移动速度为主，采用高强度的重复训练法。练习的负荷应以能保证用最大速度跑完赛道为基本原则。一次负荷的持续时间不宜太长，重复次数较少，间歇时间较长。

（2）中距离赛马

中距离赛马常见的有 2000 米、3000 米赛道。这种距离段的比赛对爆发力和耐力都有很高要求，对马匹和骑手都是考验。参加这类比赛的马匹要在基础训练之外每周加 1 ~ 2 次的慢跑和中速跑，距离在 4000 ~ 5000 米为宜。长距离慢跑可以提高马匹的耐力，骑手也比较容易培养出马的运动节奏感。这里要注意不能盲目加大训练量，贪多嚼不烂，强度过大很容易使马受伤或落下隐患。

练习采用的段落长度为比赛距离的 1/4 ~ 3/4 长度的间歇训练。

（3）长途比赛

长途比赛的定义在 5000 米以上，而全运会长距赛道是 12000 米，民运会的最长距离是 10000 米。这还不算特别长的，在阿拉伯甚至有 12 万米的长途比赛。长途比赛对马的种族、血统、体型等先天硬件要求较高，后天的训练位于其次。一般适合跑长途的马都体型较低矮，肌肉纤维偏细长，性格温和比较容易控制。世界上已知最适合跑长途的是阿拉伯马。在具备了先天条件的基础下，再进行长途训练，训练以缩短跑和中速跑为主。长距离的奔跑对马匹的损耗很大，平时一定要加强保养。如果条件允许要给马加游泳课，既是锻炼肺活量，也是让马身上的肌肉和腿部得到一个良好的放松。

耐力素质的主要训练包括一般耐力训练和专项耐力训练。长时间、小强度，是发展一般耐力训练负荷的基本特点。

一般耐力训练有以下几种常用方法。

（1）长时间单一运动项目练习：两小时的长距离跑，2000 ~ 3000 米游泳等。

（2）多种变换、组合耐力的练习：长距离的走跑交替，快慢结合。

（3）循环练习：将 10 个不同练习编成组，所有练习不间断地连续进行为一组。做 3 ~ 10 组，根据不同练习要求安排 1 ~ 10 分钟不同时间的间歇。

（4）专项耐力的训练是指要用尽可能高的平均速度通过全程。练习可采用不超过长距离的 3/4 段落练习。如万米跑常采用 2000 米、1000 米或 400 米段落进行间歇训练。

注意事项

当骑手的控缰能力还不够熟练的时候，经常会发生在操纵马匹转弯时内方缰给力不当，勒伤马嚼口的事故。为了避免马匹受伤，在刚接触弯道时应使用"调教锁"来进行训练。调教锁是一根弹力适中的松紧带，一头系住衔铁，一头系住马鞍。这样既能给马带来稳定的类似内方缰的指引力，又不会伤害到马。

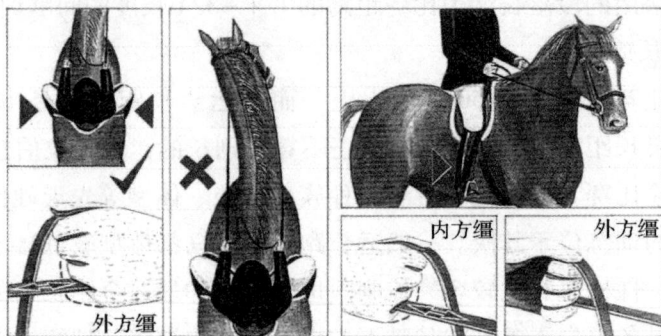

外方缰与内方缰

　　弯道的另一个注意事项是避免急转。马匹在奔跑时速度高、惯性大，急转弯时腿部受力加剧，极易受伤甚至残疾。所以骑手不仅要自己牢记，也要训练马匹有一个良好的转弯习惯。

　　平时训练要注意的是多安排辅助性的训练，像游泳、爬坡、跑步等等。这些运动能缓解马的身体和精神压力，巩固训练效果。马的腿部最容易受伤，夏天训练结束后要用冰水冲腿或小腿覆冰来缓解马腿肌肉的紧张，另外多遛马对马的体力恢复也很有好处。

对骑手和马匹的要求

　　在训练过程中，骑手除了要加强各项技能的学习之外，也要注意加强自身身体素质的锻炼。赛马对骑手的身体素质要求是非常严格的，一方面要求骑手的体重要尽量轻，因为骑手的体重就是赛马最大的负荷；另一方面又要求骑手的身体要强壮，马的体能越好，力量越大，就越难驾驭，越需要骑手具有很强的控制能力；再加上速度赛马的"飘骑"等特性，对骑手的体能考验极大。

　　一定要积极学习和尝试先进的训练方式。今天，世界上对速度赛马最先进的训练手段就是能够掌握马匹的步速。所谓步速就是指在指定的时间内跑完规定的路程。前后误差不能超过零点几秒。要做到这一点除了马匹要具备这样的能力外，对骑手的要求也是相当高的。但一旦做到了，就能让马匹发挥出其最大的能力。

骑手身心素质的训练

马术运动诸项目有一个共性——都要求马匹在快速奔跑中完成动作。因此，骑手在马背上身体姿势的控制能力与平衡能力就显得尤为重要。而要达到良好的控制能力和平衡能力，就必须具有良好的身体素质。

身体素质的训练

身体素质训练的重要性

马术运动要求骑手在快速奔跑的马上完成各种技术动作，骑手得具备反应快、身体灵活、平衡稳定性强等素质，这样才能承受激烈的比赛和大负荷的训练。运动项目特点不同，对选手身体素质能力要求也不同。选手在运动中速度的快慢，力量的大小，耐力、灵敏等素质的好与坏，都直接对运动成绩的优劣起重要影响。在当今比赛逐渐激烈的趋势下，对骑手的身体素质能力要求也日益增高，没有良好的身体素质能力作保障是不可能承受这种负荷的。

衡量身体素质的指标分别是力量、耐力、柔韧性和灵敏性，想提高身体素质也应从这四方面着手。力量是指机体某部分肌肉的爆发力；耐力是指人体长时间工作或运动时克服疲劳的能力；柔韧是指人体关节活动幅度的大小以及韧带、肌腱、肌肉的弹性和伸展能力；灵敏是指人体迅速改变体位、转换动作、变换身体姿势和方向的能力。由于四者相互关联，任何一种机能下降都会影响到整体的身体素质，所以锻炼时要特别注意四者相结合，缺一不可。

身体素质训练的方法

1. 力量素质

力量是指人体神经肌肉系统在工作时克服或对抗阻力的能力。肌肉收缩是人体运动的动力，在中枢系统的统一调节下，肌肉活动是人体运动的核心，体内其他器官系统的活动，都是保证肌肉的工作。

力量锻炼可分为上肢锻炼和下肢锻炼。锻炼上肢力量可选择引体向上、俯卧撑等运动，也可借助哑铃、拉力器等器械；锻炼下肢可选择蹲起、跳台阶、快速跑等。本身力量较小的人应注意适当减少运动次数，如每次少做几个引体向上，少跳几个台阶等：

力量素质的表现形式是多方面的。一般包括最大力量（单纯力量、绝对力量）、速度性力量（爆发力）、耐久性力量（力量耐力）等。

2. 速度素质

速度素质是指快速运动的能力，它包括反应速度和运动速度，而运动速度又可分为动作速度和移动速度。

影响速度的因素很多，除中枢神经系统外，还有肌肉的收缩特征、能力和其他协调性、机体的各种技能和技能状况。

不同的运动项目有不同的速度特征，因此速度素质的培养有明显的专项特点。在不同的年龄阶段，对速度训练也有不同的侧重。例如，奔跑速度主要是取决于步频和步长，而步频的一个最主要的因素是神经系统灵活性和协调性，由于神经系统的发育较早，成熟也早，所以步频提高应尽早进行，一般在 10~13 岁后步频就不再提高。步长主要取决于后蹬力，而力量在 10~13 岁之后才快速发展。

3. 耐力素质

耐力是机体长时间工作克服疲劳的能力。耐力是相对疲劳而言的，运动中的疲劳有多种表现形式，如感觉的、心理的和运动器官的疲劳等，不过，所有疲劳最终与机体能量供应系统及神经系统的兴奋程度有关。所有耐力的培养提高，首先应以运动所需的能源储备与供应为基础，提高心肺功能，提高耐乳酸等抗疲劳的能力。对于青少年的耐力训练应注意全面打好基础，从有氧耐力入手，根据其不同的年龄特征进行。

4. 柔韧素质

柔韧素质是指各关节活动的幅度、肌肉韧带的伸展能力。影响柔韧素质的主要因素是肌肉、韧带组织的弹性，关节的骨结构等等。柔韧素质的训练方法包括主动练习和被动练习，这两种方法又都可以采用静力性的练习和动力性练习两种方式。

柔韧锻炼可使全身舒展，须持之以恒才能见效果。柔韧性较差的人应注意运动时减小动作幅度。最好的柔韧锻炼是户外慢跑，它能使全身各器官舒展、心情舒畅，使人保持运动乐趣。对于马术运动，骑手的柔韧性尤为重要，特别是下肢和腰部。

5. 灵敏素质

灵敏是指人体迅速改变体位、转换动作、变换身体姿势和方向的能力。灵敏与大脑皮层神经过程的灵活性有密切的关系：突然的起动急停、变换方向等，都要求兴奋和抑制过程迅速地转换。影响灵敏的其他因素还有年龄、体重、疲劳等。

灵敏素质是人体各种能力的综合表现，在发展灵敏素质的训练中，应从培养人体的各种能力入手，培养其掌握动作的能力，反应能力和平衡能力等。

体能训练

马术运动是人马合一的运动，在外人看来，似乎骑手坐在马背上主要是起到控制的作用，而自身的体力消耗并不大，其实并不是这样的。通过生物学的研究发现，骑手心血管系统活动的紧张程度及能量消耗，不仅在于体力负荷的大小，而且还在于马的个性特征（如性格、气质及其他）。在这种情况下，马的训练内容越复杂，骑手的心血管系统对特殊负荷的反应越大。因此，骑手体力和心理的能量消耗，不仅取决于所骑马的体力负荷大小，而且还取决于马的性格、气质及其他个性特征。另外，马的训练内容越复杂，骑手的心血管系统对体力负荷反应越大。所以，马术运动中骑手的体能状况就显得尤为重要，体能训练具有非常重要的意义。

在指导骑乘之前，以及骑乘当中，应当选用适当的体能训练方法进行体能训练，提高骑手的体能，以适应各类比赛。在训练的过程中，还要加强对骑手以及马匹的"松弛"训练。只有很好地控制自己的身体，才能对马的要求控制得更好，在运动上成绩才可以提高。

体能的训练，对初学者和有经验的骑手来说，都是非常重要的一部分。在体能训练的过程中还需要考虑到骑手的年龄、姿势的问题，另外，也不能忽视松弛与伸展。

竞赛心理的训练

马术运动是一项骑手与马匹两种生命相互配合的运动项目，与其他运动项目的一个最为明显的区别就在于，骑手所操作的客体并非是无生命的器械，而是有生命的马匹。对于马匹这种敏感性的动物来说，骑手在训练和比赛中的心理变化会直接影响到马匹的表现，马匹的表现反过来又会影响骑手的临场心理，从而对比赛中的取胜产生较大的影响。可见，马术运动项目主体二元性特点决定了该项目对骑手在心理品质上的较高要求。

因此，比赛中做到对马术骑手的专项感知觉，即"人—马—体感"是非常重要的。而做到"人—马—体感"既对骑手提出了要求，也对马匹的训练提出了要求，必须清楚骑手与马匹是有分工的。

"人—马—体感"的构成

"人—马—体感"的实现取决于骑手素质，外部环境条件和马匹状态三个方面，是一个协调统一的整体。其中，骑手素质是基础，马匹状态是关键，外部环境条件是保障。骑手素质分为专项心理素质，沉稳的临场心理和较高的专业技术水平。专项心理素质和专业技术水平决定着临场心理状态。获取良好的外部环境条件需要骑手首先了解比赛的规模和难度，观察马匹的运动状态，对天气给比赛带来的困难做好充分的准备，不要过多考虑运动队和教练员分给的比赛任务。马匹状态主要分为临场状态和顺从程度，这需要骑手和教练员根据训练经验进行判断和把握。

对骑手的要求

1. 保持马匹在运动中的良好节奏和韵律

首先，马匹应以协调的步频，有跳跃跑步的感觉，而不是向前平跑

腿和缰的辅助有点像弹钢琴，手和脚都应学会独立做不同的事情。

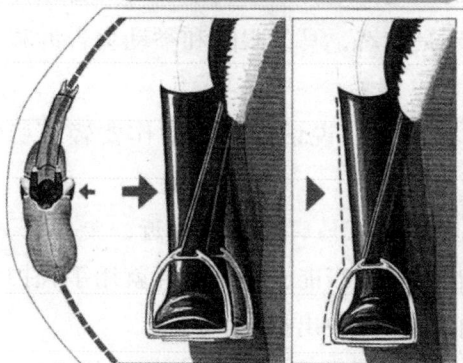

腿在原位置向里靠一下，增加动力，持续施压要求马匹屈挠。

腿向里靠一下以增加动力

的感觉。比赛中要保持这种跑步，骑手要认真跑好每一步，每一步的扶助都要到位。其次，马匹的步幅应该可以伸长和收缩，随意地变换，而节奏和韵律保持不变。骑手在比赛中不管骑乘的速度如何，始终都要让马匹保持同样的节奏，这样才不会影响马匹在奔跑时的自然韵律。

2. 指引马匹前进的方向，正确接受扶助

训练好的马匹柔顺服从，可以正确地完成自己的动作。骑手在维持马匹前进的动力时，随时与马匹保持联系来处理情况。马匹之所以具有前进的动力，是因为马匹有前进的欲望。

骑手往往通过小腿辅助来维持马匹的这种欲望。这就要求骑手在小腿扶助的过程中随时和马匹保持有效的信息传递，骑手最好通过骑坐和腿等的综合运用，把马匹的动力由后肢传导到骑手的手中。

对马匹的要求

（1）使马服从地进入工作状态，明白骑手的指令。马匹的竞赛表现是平时训练水平的反映，需要骑手从基础训练给予足够的重视。

（2）使马具有良好的运动习惯，不惧怕比赛、场地。一方面要求马匹要沿直线快速奔跑；另一方面，还要要求马匹在跑动中不受骑手的干扰保持平衡。只有科学的训练才能让马匹服从，从而接受骑手的扶助，按要求完成技术动作。

马匹的训练

马的控制和牵领

当骑手牵马时，要始终注意马的眼睛。这有助于骑手了解马在想什么或者想要做什么。不论马是静态还是动态，马的眼睛和举动会告诉骑手一切。

当马在休息时，对待马的基本原则是：说话要轻，动作要轻而稳健，避免突然动作。

一般来说，接近马前总要打招呼。要从马肩部方向接近，要自信、稳健，不要突然直冲。接近时要发出声音，当能够摸到马时就用手轻拍马的颈基部或肩胛。持缰前、运动前总要先说出指令。

重复一样的命令，马会很快地熟悉。马非常注意它所熟悉的声音、语气和方式的变化。马会很快就能从声音上辨认是谁来饲喂它，并期望得到友好的、慈爱的表示。为安全起见，做任何事情之前都要说出来。

在马厩里，绝不能动作粗鲁和大声喊叫。

戴笼头

1. 笼头

笼头用皮革或合成纤维制成，在颊革的近侧有带扣，鼻革和喉革用短的皮带相连。这样的笼头有可调或不可调的。有些笼头还有额革。鼻革的下面中间附有铁环，缰绳系于铁环上。在给马戴笼头前，先松开颊革的带扣，随着接近马，把缰绳的一端从马的颈上搭过去，把鼻革放置在马嘴上面，顶革从头顶越过放在马耳的后面，然后系紧颊革。

2. 简易笼头

一般用粗带或绳子制作而成。戴简易笼头时，松开鼻革，把缰绳的游离端搭在马的颈部，把鼻革放到马的口鼻部，然后把顶革放到马耳后边。在左侧（牵引侧）结上扣，要防止鼻革过松或过紧。

拴马

1. 单系拴马的方法

拴马最好的方式是用笼头和缰绳，缰绳系在鼻革下面的铁环内。拴马扣要用能迅速解开的安全扣。

缰绳最好通过一个小绳环（在紧急情况下可以挣断）系在拴环上，而不是用缰绳直接拴上。这既能满足日常的需要，也能让马在受惊或激烈奋争的时候可以自己挣脱。

2. 双系（用柱子来固定马）

这是用两个缰绳或链条拴马的方式，比较安全。马站在两面墙或两个柱子之间，距离大约是 2 米，缰绳或铁链分别系在笼头两侧的 D 形铁环上。有双系的圈舍或运动场，铁链是装在墙和柱子上的永久性设施。双侧系通常也用于马的运输，特别是用双马车厢运一匹马且中间没有隔板时。

3. 注意事项

除非马非常安静可靠，否则要把马拴系在厩里或其他封闭的地方。对不安全的墙或栏杆要注意，可能会连小环绳一起被扯倒。不要把马拴在草网上，草网要分开系。如果马有咀嚼缰绳的习惯，则要用链条来系。这时要用一个在紧急情况下能扯断的小绳套，把链条系在笼头上而不是系在铁环上。

牵马和展示

1. 牵马

牵马是指人在地面上用缰绳牵领没有骑手的马。马对两侧牵领都会习惯，但是大多数马都习惯于从左侧牵领（内侧），对比较生疏的马最好从内侧牵领。

给马戴水勒时，把缰绳放过马头，一只手在离衔铁一掌远的地方握住，用一个手指把它们分开，另一只手握住带扣的末端。

给马戴笼头时，用一只手在距离笼头较近的地方抓住缰绳，另一只手握住缰绳的游离端。绝不能把手指放进笼头的 D 形环内，或把缰绳缠绕在手上，这两种方式都非常危险。

让马前行时，发出"走"的命令同时马会向前走。经过调教的马非常愿意与骑手并排前行。当骑手面对马凝视时马则不愿前行。

如果马犹豫后退，不要硬拉马头，要么用外手拿个马鞭在骑手的身后摆动，轻打马的腹侧，要么有一个助手在马的后边驱使，可能效果更好。

让马转弯时，首先稳定和平衡马，然后向骑手的外侧转弯，骑手要保持在弯的外侧，这样马会将飞节收拢在马体下，有助于平衡和控制。

2. 展示马和起跑

主要目的是在没有骑手的情况下，让马静立（牵着呈立正姿态）或尽可能自由地慢步或快步走动来展示马。其主要原则和牵行一样，这个程序常用于兽医检查马。

向右转，后肢绕前肢做半圆运动

静立。确信马处于警视状态，立正，能展示出外观优点。骑手要站在前面，面向马，双手在衔铁近处各持一缰，以便控制和引起注意。肘部要抬高，以防马咬手腕。

领跑。一般从左侧牵领。要向前看而不要向马看，按命令走或跑。马会直接离开检查马的人，再按照前述要求转弯，然后笔直返回。

马的调教与训练

马匹在供各种马术项目使用之前，应进行必要的驯服，接受系统的技能训练。目的在于使马适应与人接触，学会担负骑乘和轻挽工作或某些特殊的工作技能，使马服从驾驭和操作，获得综合全面的速度、力量和耐力锻炼，从而改善生理功能，提高工作效率，充分发挥其遗传潜力。运动用马的系统、正规调教需要按一定制度，分阶段进行。

首先要驯服马。在哺乳期内进行，到断乳时完成。从断乳到预备调教之间（1~1.5岁）进行成群调教，促进生长发育，增强体力。接着进行预备调教（基础调教），任务是训练马能被骑、顺服地被驾驭从事运动项目。速步马、轻挽马从 1 岁开始，先学会挽车，而后教马理解和服从驾驭。挽车用慢步、快步行进；骑乘马从 1.5 岁开始训练马能被骑，并懂得和服从骑者的正、副扶助，能背负骑者正确地慢、快跑步运动。预备调教为进一步进行的各种专业运动项目的调教打下基础。对马进行性能调教，指在预备调教的基础上，进一步进行专门方向的调教，使马学会某种专门技能。速步马锻炼快步速度和耐力，赛马调教袭步速度及耐力。各马术项目都有各自独特的性能调教内容和方法。速步马和赛马 2 岁可上赛场，竞技马调教时间较长，需 3~4 年，满 6 周岁才能参加正式比赛。

小马的调教

需要耐心和细致地调教小马。马的年龄越小，调教的效果也越好。每天要用一小段时间对小马进行调教，从而帮助小马克服恐惧心理，使小马信任人类。

1. 戴笼头

小马 1 岁时可以轻轻给小马戴上笼头，让它习惯与笼头的接触。戴着笼头遛一小段时间后，抚摸小马，如听话给它一点小块胡萝卜或方糖，将有助于它对笼头的作用建立起愉快的感觉。这个过程重复一两个星期。当小马接受笼头时，就可以教它牵行了。

2. 牵行

将套索放在马臀部，把引导索系在笼头上，将绕过臀部的另一头穿过笼头，拉住缰和尾鞭，鼓励小马向前走，使小马学会牵行。小马在拉尾鞭时可能向前跳，防止马加速后逃避，每天 30 分钟的牵行延续一段时间。

调教小马跟随牵行的意愿最终是让小马愿意接近人类和习惯人类在旁边，同时在这个过程中学习对一些讯号的反应，如停止和前进等基本声音提示，也为后面的打圈练习打下基础，但是骑手不能使用强制的方法。骑手可以利用牵行母马慢遛的机会，多找一位人员在旁同行，这可以让小马习惯在活动中有人类在旁边，降低小马对人类的戒心并增加信任。开始单独牵行练习的时间最好是在小马 1 周岁后开始，此时小马开始尝试自立。练习初期同样需要母马在旁边协助，由两位人员分别牵引

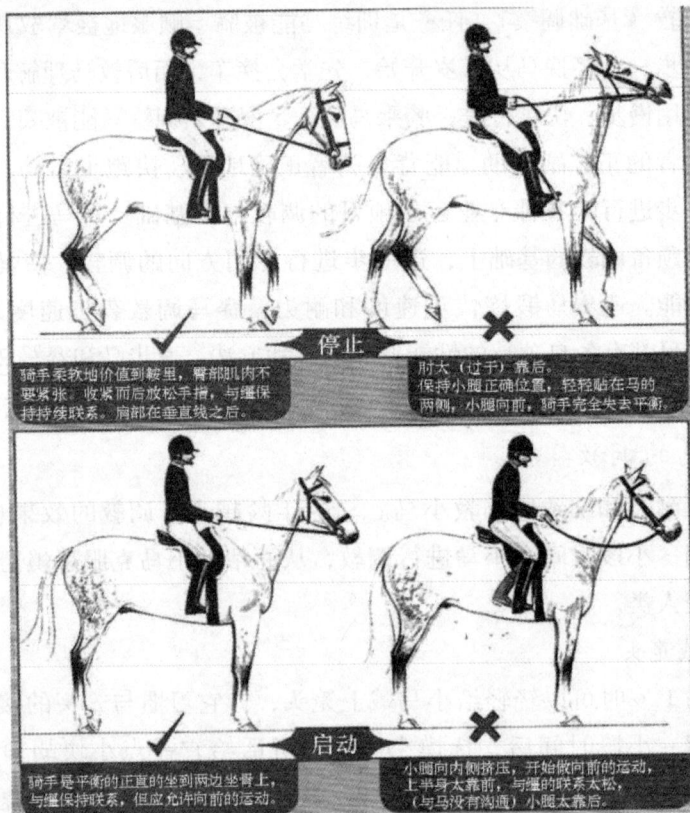

停止与启动的方法

母马和小马，然后慢慢尝试把两马的距离拉开，同时牵行人员需不时做出声音和身体接触的安抚，增强小马的自信心，直至小马能完全信任牵行人员并可单独牵行为止。这个过程需要时间，不是一两天或一两周就能成功的，在这个过程中也绝不可使用强制手法，避免小马留下不好的记忆，而且也不能制定练习时间，要循序渐进，见好即收，绝不可让小马对训练产生厌倦心理。

3. 举肢

小马要学习被抚弄和举肢。这个动作可以在教完牵行之后进行，小马要学会四肢都能被抬起和放下。驯服小马，要抚弄它，让马体平衡。先举前肢，再举后肢。延续工作（举肢）直到小马学会服从，没有反抗。如马有反抗动作，不能强制，也不能打，要有耐心。

4. 调教索训练

在马长到 2 ~ 2.5 岁时可以开始调教打圈，因为这时小马的心理和生理已成熟了一些，可以应付带压力性的运动。开始时骑手不应使用衔铁，因为这时小马嘴角的肌肉仍是很幼嫩的，绝不可承受压力，骑手应该使用专用的打圈笼头进行。

用调教索训练年轻的运动用马是正规调教的第一步。为了使马服从人平静地工作，调教索训练是必不可少的，并且在骑人训练之后也是必需的。它有利于保护四肢、发达肌肉，改进天然动作，使身体柔软，学会从一种步法变换到另一种步法以及改变速度和节奏。用调教索训练时，教练员能够从各个方面观察马，观察马怎样"扯着缰"保持头颈姿势和牵引后躯，马的步法怎样改进，肌肉怎样工作。

调教索训练也叫"打圈"，打圈就是在直径 20 米的圈栏里，首先让小马在圈里自由地转圈，调教师站在圈中间观察马、鼓励马，让小马适应圈里运动，然后用一条 8 ~ 10 米长的绳索调教马，让马在圆圈中按要求行进。

调教索的一头要绕过笼头，调教师要尝试着让马在圆圈中行进。开始时走大一点的圈，当马学会对指挥做出反应时，圈子可以缩小，如马不服从可以打轻鞭，不要狠打马。要学会引导小马自然行进，轻轻触到后臀就达到目的了。

调教马时让马先走慢步，等学会用慢步再熟悉走圈，然后完成快步和跑步。但速度不能过快，也不要对小马要求太高，步法要自如、有节奏感，在各种步法都能熟练地行进后，渐渐加快马的速度，但步法不能乱，圈要转大一点。小马基本动作较成熟后，多做移行，圈的大小要勤变。在马能服从声音的指导时，反复使用统一指令让马

这是马匹的敏感部位，加上嗅觉、听觉、视觉，这些对骑手而言很重要

划横线的是马身上的敏感部位

掌握这个动作。

打圈调教能训练马的体能、步法、柔韧、协调性等各方面的基本功。打圈质量的好坏，直接决定了马匹各方面的潜能是否能不断提高并在骑乘中发挥得更加顺利圆满。

5. 骑乘训练

第一次骑小马，马可能会有反抗动作，或者站着不走。骑手不能着急催马，能上到马背上也就是成功了第一步，要反复地做上下动作，然后给马扶助，脚跟叩击马的体侧，产生冲劲。想要让小马适应和服从被骑着的感觉，开始的运动量不能太大，要渐渐地提高运动量，做一些在马场马术中能让马接受骑手的简单指令。

6. 扶助

扶助是骑手用身体与马交流的语言。扶助始终要快而简练，并能使马迅速回应。

马匹整个调教过程都是以声音提示为主，调教长鞭只是一种用来提示马匹向前和保持人

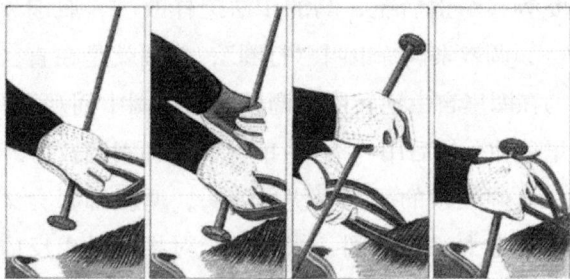

调教鞭换手

马之间距离的辅助工具。刚开始使用时我们可以用轻触的方法向马匹介绍长鞭，然后可逐渐加大力度直至马匹明白需要和长鞭保持距离时，我们的目的便达到了。注意，长鞭并不是用来真的抽打马匹，低放和平扬已能让马匹明白慢速或加速的提示。而配上衔铁或索套衔铁来进行的运动，则需在马匹能完全明白和配合打圈练习中的声音提示后再开始使用。同样道理，我们要懂得见好即收，尽量避免使用强制性的控制，让马匹多些时间去了解和配合练习。

马匹身体肌肉的均衡发展

1. 肌肉均衡发展的重要性

在马走快步和慢跑的时候，应该使其身体两侧的肌肉均衡发展，而

大多数马却很自然地选择向自己喜欢的左侧或者右侧行进。此时，如果骑手没有给它专门的指令，一些马几乎总会朝着那个方向慢跑，这种趋势会导致肌肉的单方向发展，使另一侧的肌肉变得僵硬不灵活。因此，在马匹的早期训练过程中将这种趋势矫正过来是非常重要的，借此骑手也可以训练马匹全身肌肉的柔韧性。

跟快步一样，慢跑会使马两侧的肌肉均衡发育。多数马在没有给明确的指令的情况下都会按自己偏好的领行方向跑，这样就会只发育一侧的肌肉，另一侧则变得僵硬。因此，在马的早期训练中让马向不喜欢的领行方向前进是非常重要的，且骑手可以以此培养马匹全面的柔韧性。

2. 肌肉均衡发展的练习方法

要辨别马的领行方向，骑手如果从地上观察，可以观察马的前腿。如果骑在马上，可以向下瞥一眼马的肩膀。在不断重复的慢跑中，如果是左领行，左腿（还有左肩）总是比右腿（右肩）更往前伸出，这就好像马的慢跑是从左前腿开始，实际上慢跑是从后腿开始，对面的前腿依次抬起。

马慢跑状态下可以使其背部和腰部柔软，当然，这样也有助于马匹提高完成快步动作的质量。马的平衡性、可控性（对缰绳敏感程度）以及对骑手的信任度也会得以提高。

马匹调教中的注意事项

马到 4 岁或是 5 岁的时候，就完全长成了。在 3 ～ 3.5 岁的时候，可以上马骑乘几个礼拜的时间，接着，放牧几个月让它成熟。在 3.5 ～ 4 岁的时候，重新开始调教。

避免马的过度负担，以及伤害到马的身体和精神上的状态，骑手除了必备的骑乘技巧外，还必须了解动物心理学。不正确的骑乘，很容易让马感到困扰烦躁，而要矫正这样的伤害情形，可能需要数月，甚至数年的时间；不良的调教，很可能导致马过早地受到损坏或伤害，尤其是对马四肢的伤害。

1. 马匹调教中的心理因素

马是具有高度奔放特质的动物，同时也是群居的动物。如果有同类在周围，那是它感觉最安全的时候。

马将人类当作它的伙伴。作为马的老师，想要获得领导的地位，要靠了解而不是武力威迫。当马犯错误的时候，也就是没有对指导者的要求做出相对的反应，这只是马还没有正确了解的缘故。

为了能够了解调教者，马需要去信任调教人员——了解是建立在信任基础之上的。调教人员可经扶助和附属扶助与马沟通。也就是声音、碰触、还有奖励。

只有能够了解扶助马才能了解骑手的指示。马原始的、本能的反应，是逃离开奇怪或者不知道的物体与状况。因此，对这些东西要逐渐地、系统地让马去熟悉。如果马有恐惧和不确定感觉出现，调教人员要重新开始。骑手同样要谨记，马有着绝佳的记忆力——马会记得发生在它身上的好的及坏的事情。要让马去忘记不好的事情，是要花很长一段时间的。

马的学习能力，根植于它充分的成熟生理。对身体或是心理过度的要求，将会给马的训练带来挫败的结果。

只有充分满足马的需要，并且使它能够和周围的环境和谐自然，才能充分发掘马的潜能。在任何情况下，马和人类之间的结合都要稳定。

2. 马匹调教中马的感官所扮演的角色

嗅觉是马的感官中进化最成功的部分，虽然它在调教中并没有多大的帮助，但当马闻到它不喜欢的味道时（比如养猪场的气味），或者是那些让它有不愉快记忆的东西的气味时（比如化学药品的味道或是火药的烟味），都会受到不良的影响。

马的听觉器官同样是进化最成功的器官之一。因此，当马在马厩休息或是受调教的时候，要避免不必要的嘈杂声。

马的双眼位于头部两侧，因此马的视野比人类的要宽广得多。

马对动作有着特殊的分辨能力，尤其是对距离的理解能力。它可以很快就看见移动的物体，并且比骑手看得还清楚。因此，骑手常常没有办法理解，马为什么会突然地惊恐。

马异常敏锐的触觉使骑手可以去调整好他的扶助。

3. 马的体征变化与心理状态

你需要仔细地去观察：马的眼睛、耳朵、尾巴、皮肤，还有呼吸。

其中马的皮肤可作为排汗的指标。你所观察到的都可以作为洞悉马心理层面的观察根据提供给调教人员。

眼神可反射出马的心理状态。眼睛可以传达出马的专注、信心、怀疑或是恐惧。

耳朵的动作一样提供了很重要的讯息——关于马情绪上的状态：往后或是放平的耳朵说明了马现在不舒服，并且准备要自我防卫；摆动的耳朵表示了马现在很专心，并且情愿做任何事。

鼓鼻或是喷鼻息，结合摆动自由姿态的尾巴，这代表马不紧张，并且正在工作或是准备要工作了。

如果是尾巴往下夹紧，或者是抬得很高，那就表示马紧张、恐惧或者兴奋。

排汗不只是努力工作的原因，兴奋也会流汗，通常伴随有心跳加速和呼吸的加速。

4. 马匹调教中调教人员应注意的问题

调教人员所需要的素质是：了解马，灵敏，冷静。大多数人通常都没什么耐心，同时不具有必备的冷静与客观的处理态度。

谨慎地、安全地重复练习，比如把马绑起来，抬起马的足肢，牵引，让马站定，可以让马建立服从的习惯。鼓励、责骂或是必要时适当的处罚，要和所发生的事情有直接的关联，或者与希望马达到什么样的要求有关。持续不断、没有理由地喂马糖果、胡萝卜或是其他特别的东西，将会把马给宠坏。没有理由或是过度的责骂，会导致马的抗拒，甚至可能会让马匹变得很危险。

骑手的重量，会干扰到小马的平衡。在初期调教的阶段中，骑手的目标要放在重建马的平衡，借由他的重量、脚和手来重新建立这样的平衡。骑手要使得马可以自己去平衡，不要有强迫的状态，要知道马能够维持自然的前进动作。

骑手应以专业的知识，结合耐心以及持续不断的观察，让马很情愿地去合作，这是他的责任。马的肌肉组织要逐渐地去发展，以得到它自然的平衡。只有接受渐进的、有系统的调教，马才可以在有骑手骑乘的情况下，在三个步态中与在斜坡中，重新恢复它的平衡。

马匹的基本技术

马的行进方式

当马正确地行进时，会表现得非常完美和谐、自然顺畅，完成所要求的课目并不费劲，并且非常愿意让人骑乘。

受衔

所谓受衔，指马匹愿意戴笼头和水勒，马用嘴轻轻地依靠在门衔上，保持韵律，轻松前进，等待接受骑手的扶助指挥。骑手的手缰可以感觉到马口稳定而互相"礼让"的张力，达到一种动态的平衡。

受衔时，马通过缰绳与骑手的手保持联系。从马的后躯经过背部直到衔铁，其整个身体会对这种联系的变化作出相应反应。

在运动时对马嘴缰和水勒的控制不能有反抗。马对骑手（手指）的扶助会欣然服从、毫不犹豫。

平衡、冲力、节拍、节奏和速度

1. 平衡

马处于平衡状态时是指马的重量和骑手的重量被合理地分配，马能以最轻快、最有效的方式自如地行动。

小马会自己学习掌握平衡，但是，当有骑手在它背上时，它就必须重新学习掌握平衡。这可通过循序渐进的训练来达到，结果会使马后肢的肌肉得到更好的发育，结构和作用会不断加强。马的前躯承受的重量较大时，容易失去平衡。马背的弹性和灵活性以及后肢在马体下面的运动，会转移前躯承担的重量。

没有训练过的马，在改变方向或转换步法时，常常会失去平衡。

太强或太弱的冲力也会导致马失去平衡。

为了改进马的平衡，必须有准备地改变冲力和速度（在同一种步法内），鼓励马自己提高调整平衡的能力。

帮助马改进平衡的最好的方式就是骑马上山或下山。

让马自己察觉自己的平衡，骑手不要自己试着抬高、降低或者调整马头的位置。马头的姿势仅仅表明马运用自己身体的情形。当马正确地带动自身时，马的头和颈会成为马自然优美外形的一部分。

2. 冲力

冲力是平衡的动力之源。冲力只有在一切状况正常时才能产生。

当马要积极前行时，需要正确的冲力，马背要柔软，飞节要有力，运步要轻快。马不紧张，精神上和生理上都很从容。

注意不要把冲力和速度相混淆，骑手主要是用内方腿来增加冲力，而速度一般由外方腿来控制。

3. 节拍

节拍是节奏单位时间内马蹄落地的频率。每种步法的节拍是不变的。马保持平衡状态时才能有节拍，这需要骑手通过细心随时地调整速度和冲力来获得。

4. 节奏

节奏是马蹄连续而有规律的敲击，马必须自始至终保持节奏。要获得节奏，马必须保持平衡，骑手必须反应敏锐，并本能地调整马的速度或冲力。

5. 速度

速度即马每小时行进的公里数。

正直

当马向前行进时，好像是在铁路上行走，即马的后蹄始终沿着同侧前肢的蹄迹运行。从马的鼻端到尾根自始至终是一条直线。

当马在弯路上行进时，马从头顶到尾根应均匀地弯曲。马的后蹄要始终沿着同侧前肢的蹄迹运行。圆圈越小，马体的弧度也就越大，重要的是不要让马颈的弧度大于马体的弧度。

正直，靠马对骑手腿的反应和接受缰绳的联系来保持。

外形

正确的外形或轮廓，是马在受衔的状态下和在保持节拍、平衡及正直的运动中获得的。从侧面看则呈现出：

1. 体上线

头顶处于最高点；

颜面的前缘线不应在垂直线后面；

颈部从鬐甲到头顶轻度地弓起；

背腰柔软并放松；

马尾摆动灵活：

从头顶到尾根整个展现出流畅的曲线。

2. 体下线

马下颌放松、平静，不紧张；

颈部下面的肌肉松软；

肩部动作流畅，前躯轻盈；

肘、腕、球节等前肢各关节同样地灵活和屈伸；

后膝、飞节和球节等后肢各关节同样地灵活和屈伸；

后肢向前踏进良好，向后也不会拖腿。

马的基本步法

马的基本步法包括：慢步、快步、跑步、袭步、立定、后退、环行和转弯。

骑手在做步伐练习时必须在所有的步法上与马保持平衡协调，马必须接受骑手腿和手的联系。

慢步（中间慢步）

1. 慢步的节拍

慢步每步有四个节拍，即"四拍"步。每步节拍均匀连贯，骑手可数"一、二、三、四，一、二、三、四"。如果出现了不规则的节拍，就是出现了严重的错误。慢步应当是有目的而且规整地行进。

2. 蹄落的次序

蹄落的次序是：①左后蹄；②左前蹄；③右后蹄；④右前蹄。至少有两个蹄子同时落在地上。

慢步时，可感到镇定、积极而有目标。同侧马后蹄的蹄迹要越过前蹄的蹄迹，这叫"越迹"。马的头和颈同时随着四肢的运动而运动，骑手不要限制。中间慢步是介于缩短慢步和伸长慢步之间的类型。

3. 长缰或松缰慢步

通过送缰，可让马的头和颈放松，马的头和颈向前下方伸展，似在寻求联系。

长缰自由慢步：骑手通过送缰，允许马放松并伸展步伐，头和颈向下垂，并始终与骑手保持轻微的联系。慢步的节奏则不能改变。

松缰慢步：缰绳从骑手的手中滑落，直到骑手与马嘴失去联系：

4. 慢步的扶助

从平衡的立定开始，骑手用腿的扶助动力驱马慢步前行，手则随着马头和颈的运动而运动。

快步

1. 快步的节拍

快步是对角肢同起同落的两节拍步法，每步有两节拍，规律而均匀，骑手可数"一、二，一、二，一、二"。快步时要表现平稳和有节拍，同时应该积极。

2. 蹄落的次序

蹄落的次序是：①左后肢和右前肢同时；②右后肢和左前肢同时。马的一对斜对角肢跳起而转向另一对斜对角肢跳起，中间有一瞬间的腾空期。

如果快步的节拍快而急，则称为"奔跑"；如果快步的节拍太慢而且腾空期较长，则称"漂浮"或者"提升"。二者都是不正确的，工作快步是缩短快步和伸长快步之间的快步。

3. 快步的扶助

快步前的步法必须质量很好。从立定或慢步开始，通过骑手腿催要的冲力（快速向肘内叩击）促使马变为快步，手则要随着马头的运动而运动，不要限制马改变步法。步法的维持主要靠骑手的内方腿来控制。

跑步

1. 跑步的节拍

跑步因每步有三个节拍而称"三拍步"。骑手可数："一、二、三，一、二、三，一、二、三"，中间有一个静音期。在跑步的状态下，感觉到马运步轻快、平衡和有节奏。

2. 蹄落地的次序

当左前肢领步时蹄落地的次序是：①右后肢；②左后肢和右前肢同时；③左前肢——领步肢。紧接着随着四蹄短暂地离地有一个腾空期。

当右前肢领步时落蹄的次序是：①左后肢；②右后肢和左前肢同时；③右前肢——领步肢。紧接着随着四蹄短暂的离地有一个腾空期。

工作快跑步是介于缩短跑步和伸长跑步之间的步伐。

3. 跑步的扶助

在马跑步之前，要确保此前的步伐良好。

马必须保持受衔状态，前行时要有冲力和保持平衡。用内方手引导马跑步的方向（快速地收缰和送缰），几步后，外方腿放在肚带的后面并叩击马的体侧，同时用内方腿来保持马的冲力。当马由原来的步法转向跑步时，骑手会感觉到步法的变换并必须谨慎地保持柔韧、放松和平衡。手要附和马头的运动。

骑手不要向下看是哪个前肢在领步，必须尽快地学会感知马的哪个肩更靠前，哪个后肢最先着地。

马跑步一般是"协同跑步"。如果说马跑步是"正跑步"或"协同跑步"，是指马的前肢领步肢和后肢领步肢在同侧。如果说马跑步是"非协同跑步"，则是指后肢领步肢与前肢领步肢是对侧的，这种状态时骑手会感觉非常不舒服。

如果说马跑步是"错的"或者是"反跑步"，是指马在向左跑步时是右前肢领步，向右跑步时是左前肢领步。

袭步

1. 袭步的节拍

袭步是四节拍运动，每步有快速的四个节拍。骑手可数"一、二、三、四，一、二、三、四，一、二、三、四"，每步之间有一个静音期。

2. 蹄落地的次序

左前肢领步时的落蹄次序是：①右后肢；②左后肢；③右前肢；④左前肢——领步肢。当四蹄都离地时会出现一个腾空期。

右前肢领步时蹄落的次序是：①左后肢；②右后肢；③左前肢；④右前肢——领步肢。当四蹄都离地时会出现腾空期。

袭步时，马的外形得到最大的伸展，随着速度的加快，步幅加长，或者节拍也相应加快，但始终保持着节奏。马要一直保持着联系并保持平衡。

3. 袭步时的扶助

从跑步开始，骑手要不断地增强冲力（用腿向内快速叩击），直到取得想要的速度为止。手在满足马外形伸展的同时要与马颈的运动相协调。

骑手要把握住袭步的姿势，手和腿保持均衡的联系。

马的步法转换

步法转换的要求

马做步法转换时必须是顺从和准确的。由一种步法转向另一种步法时要流畅，同时不能失去节拍、节奏和平衡。接收新的步法或速度时，马必须干净利落地转向新的步法，而运步没有丝毫的拖沓，因为先前的步伐质量会影响步法的转换。

预扶助

为了让马在转换方向、速度或步法时保持平衡，骑手要预先不断地加强小腿的练习，同时轻度增加缰绳的联系来引起马的注意，因而也包括产生动力。

向上转换步伐或增速的扶助

如果必要，应改进慢步、快步、跑步的步法质量，然后给予扶助。

骑手轻柔地坐在鞍上，用身体吸收并感觉马的运动和步法的转换。手要始终伴随马的头和颈的运动。这在所有的转换中都非常重要，手的任何僵硬或者迟钝都会导致抗拒并失去节拍。

向下转换步伐或减速的扶助

如果有必要，先改进步伐的质量，确信马已达到平衡状态，行进时带有冲力。在转换的过程中，骑手要落座柔软，通过手和腿始终与马保持正确的联系。

通过外方手快速地收缰和送缰要求马转换步法。例如，由跑步转换成快步或者由快步转换成慢步时，用内方手保持方向，用腿获得必要的冲力。

当马接受并完成步法转换后，骑手要对速度或冲力进行必要的调整，以保持马身体的平衡。

没有训练过的马，往往在步法下降之后的前几步走得快些。解决的办法在于改进原来步伐的质量。

转换步法时，马必须始终处于受衔状态，并保持外形平衡。

马的立定

立定的要求

立定的马，正直静立，身体的重量平均分布于四肢。前蹄如同后蹄一样在同一横线上，术语称"方形站立"。

立定时，马始终保持平衡和受衔状态，可允许马温和地嚼咬衔铁。骑手保持精力集中。

不要突然停下，达到立定过程的步伐必须保持正确的节奏和速度。

立定的扶助

立定的扶助如同递减步伐时的扶助。马静立过程中，骑手要保持手和腿的联系，骑手和马二者应保持相互的关注。

马举步后退，通常发生在训练马立定时没有保持一定的冲力，或者与缰的联系太硬、太紧。

如果骑手保持适当冲力时马进入立定，然后特别关注骑手的腿和手的联系，马则会专注地站着，并准备一旦要求时立即前进。

手的扶助只是会意的，不要太用力。

马的后退

后退的要求

后退一般是从立定开始。每后退一整步要跨两步，基本上是两节拍。落步的次序是：①左后肢和右前肢同步；②右后肢和左前肢同步。运步要直，积极而不忙乱，步幅良好。蹄子起落清晰，外形维持良好，保持受衔。马不抬头，背不凹下。

当马能够正确地走基本步法，能进行转换，能做到立定且自己能达到平衡时，再试着做后退。

后退时的扶助

从平衡的立定状态开始，骑手保持手和腿与马的联系，马专注地站着。用腿要求马向前行但不是真的让马向前走，手则轻微表示"不许"。骑手的身体保持直立，背和臀保持柔软，允许马背向上弓起。扶助不要太用力，退几步即可，然后立即要求马再向前行进。

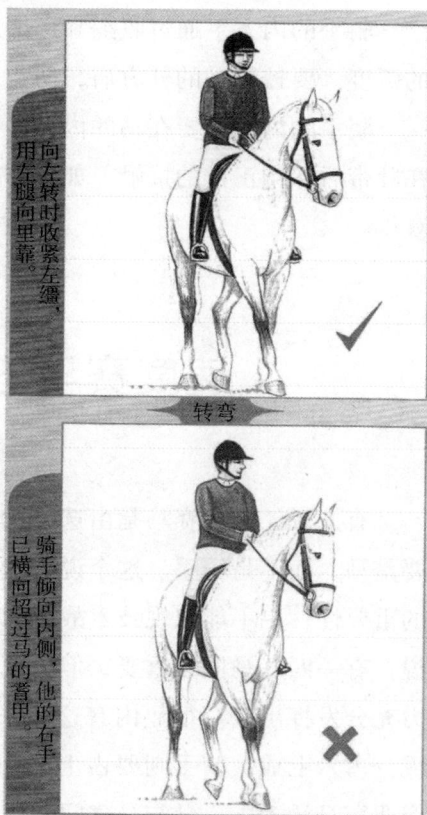

马的环行和转弯

环行和转弯的要求

当马在曲线上、圆周上或隅角上行走时，马必须从头顶到尾根自然

向左转时收紧左缰，用左腿向里靠。

转弯

骑手倾向内侧，他的右手已横向超过马的鬐甲。

转弯的方法

地弯曲，弧度正好是马行进路线的弧度，即圈越小，马体的弧度就越大。

当在曲线上行进时，马外方后肢的蹄迹要和外方前肢的蹄迹在同一条线上。马必须保持平衡，不要失去节奏和节拍。马的头和颈不要向外弯曲，向内弯曲也不大于马体其余部分的状态。

环行和转弯时的扶助

骑手要自始至终落座在鞍的最低位置，骑手的臀部与马的臀部平行，骑手的肩与马的肩平行，骑手的头要转向想要去的方向。

骑手的内方手通过收缰和送缰来引领方向，外方手控制步伐和马体的弧度。要控制马的外方肩，防止马颈过度向内弯曲。

骑手的内方腿要在马的内方肚带上保持正常的接触，同时外方腿要在肚带后保持正常的接触，如果需要更多的冲力，用内方腿快速叩击来获得。

速度赛马的技术与战术

有人说，速度赛马是由选拔优秀马匹衍生出来的，因此比赛比的主要是马，而不是骑手。这个说法没有错，但绝不能因此否定骑手对比赛的重要性，更不能忽视技术战术的学习和运用。要知道，对一场比赛来说，有一匹好马固然重要，但更重要的是有一个优秀的骑手能使马的能力充分发挥出来。行业内有这么一个公认的说法："赛马比赛中，马的成分占六七成，骑手则要占上三四成。"在现代竞速赛马，尤其是现代商业赛马活动中，马与马之间的体能差距越来越小，而骑手的技战术运用能力就成了决定比赛输赢的关键。综观国内外各级各类比赛，凡取得过优异成绩的赛马，基本上都有一个身经百战，有着高度技战术水平的骑手，所以说技战术的学习对骑手来说是至关重要的。

速度赛马的基本技术

对于表演性质的马术比赛，特定的技术要多一些，而速度赛马中用到的技术主要是马术运动中最基本的技术，如"骑乘体位""控缰""推进""打鞭"等。虽然这些技术在各种马术表演中都会用到，但是用在速度赛马这种近于极限运动的项目中，就会有一些不一样的地方。

骑乘体位

骑乘体位包括骑手骑在马身上的位置以及骑乘中采取的姿势。和大多数体育运动一样，速度赛马也有着一套美观又实用的姿势。不过这个姿势和我们常见的骑马姿势有很大不同。

许多马术项目，比如说常见的盛装舞步赛、场地障碍赛、三日赛等等，我们总是能看到骑手们踩着长镫悠闲坐在马背上的模样。而在速度赛马比赛中，光是骑手的姿势就能带给观众一些紧张感。他们总是半蹲在不及马腹的短镫上，身体前倾，神情紧张，好像随时都会像一支离弦的箭飞射出去。当马开始奔跑时，骑手们就仿佛是飘浮在马上方一般轻盈，又好像附着在马身上一般稳健，随着马的奔跑跳跃起伏，人与马浑然天成，让观者叹为观止。这种姿势被形象地称作"飘骑"，它存在的时间相当久，在世界各地都有悠久的历史，以至于难以确定究竟是哪国人最先使用的。不过可以确定的是，这种体位能将骑坐行为对马匹奔跑产生的副作用减到最小。也就是说，用这种骑乘体位时，马跑起来是最快的。

速度赛马骑乘正确的姿势包括踩镫的位置、背部的倾角和视线等等。

1. 踩镫的位置

脚和马镫的接触是身体稳定的基础，为了不从马上滑下来，就必须尽可能地站稳。长久以来被推荐的一个技巧是将脚掌踩在马镫的 1/3 处。如果少于 1/3 就太浅，有可能滑出来；多于 1/3 又太深，有可能滑进去。

2. 背部的倾角

背部的倾角和膝盖的屈曲度大有关联。一般情况下，膝盖打得越直，臀位就越高，重心就越往前；膝盖越弯，重心越向后。重心向后对骑手来说是个很关键的技巧，但同时要保持胸位不能太高，胸位越高，奔跑中的空气阻力就越大。一般来说，让背部与马背平行并尽量接近马背就是最合适的姿势，但千万不要碰到马背，那会给马造成干扰。

3. 视线

眼睛一定要平视前方。平视前方能减缓骑手颈部的疲劳感，也是避免发生赛道危险的重要原则。

控缰

如果把赛马比喻成一台车，缰绳就是方向盘，同时也是离合器、油门和刹车。熟练地掌握控缰技能对骑手来说万分重要，因为控缰就意味着控马，不能熟练控马就不能算是一个合格的骑手。

学习控缰的基础是一双稳定的手。马匹对缰绳的动作非常敏感，优秀的骑手能通过很轻微的缰绳动作来操纵马匹。乱晃的缰绳会让马匹感到紧张和不安，引起呼吸紊乱，运动节奏感丧失。假如在赛场上发生这种情况，会直接导致输掉比赛。

之所以要保持稳定，其实就是为了减少外部环境对马匹产生的干扰。只有在外部干扰降低到最低限度，马匹才能最大程度放松，从而更好地发挥实力，但这并不意味着缰绳放得越松越好。缰绳的一个重要作用是用来约束马匹，如果缰绳太松，马匹就会失去约束，变得松散。

同样地，拉缰的力度太大也是不行的，除非骑手的意图是让马停下来。正确的控缰力度应该是以刚刚能让马匹感觉到一点拉力为宜，并且要保持相对稳定。在晃动的马背上保持这种稳定并不是容易的事，常用的技巧是将拉缰的手抵在马鞍前部或大腿上。

在学会基本的握缰之后，骑手就要学习如何通过缰绳控制马匹，千万不要以为缰绳是依靠蛮力来操纵的，骑手的工作是和马匹配合而获得更高的速度，而不是和马拼力气。从动物生理学中可以知道，马是利用头部和颈部的伸缩来调整奔跑中的重心和平衡感的，盲目地拉缰会破坏马的这种自我调整，这导致的后果必然与骑手想要的相悖。如果我们通晓这个原理，就可以通过缰绳来诱导马匹进行自我调节，这无疑是一种省力又有效的法子。优秀的骑手都明白一个道理，友好的诱导比强制更管用，也更容易。

以一个最基本的技术为例，在奔跑中，有时候马头的位置过高、过低或偏离方向。如果是过高，那是缰绳收得太短，只要稍稍放松，马就会低下头去。而如果是马头太低或偏离方向，就说明马的重心有问题。骑手应该调整自己的重心，使自己的体重落在马的后腿上。当马的前腿压力减轻，就会试着抬起头来寻找一个更好的姿势，这时骑手只要收短缰绳，让马保持这种姿势就好了。

再说转向的控制。让奔跑的马匹安全转向对于骑手的控缰能力来说可是个不小的考验。转弯时，由于惯性，马的身体会产生屈挠，后肢瞬间受力加剧。如果这个时候控制不好，很容易使马匹腿部受伤或骨折。正确的转弯控缰过程应该是，内方缰作为指引方向拉力不变，同时外方缰稍松一些。这时马匹外侧的颈部就会伸展，从而向内侧弯曲，转向指引的方向。骑手可以通过控制给缰的时间和力度控制马匹的屈挠和转弯的角度。

控缰的技术并不单单针对骑手的技术，对马匹来说也同样重要。配合默契的骑手和马匹能通过缰绳上传来的力量感应出对方要表达的意思。经过长期训练的马匹还能获得一定程度上的无缰控制能力。也就是说，在完成一些动作或保持一定姿态时不一定要依赖缰绳控制。比如在配合默契的骑手和马匹之间，骑手仅用内侧腿

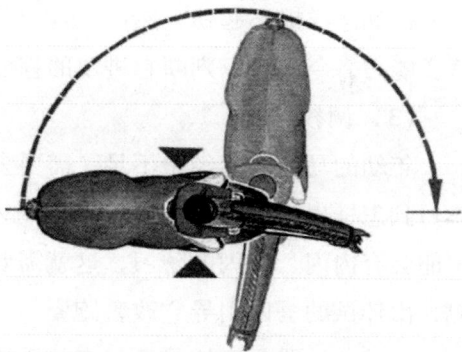

右侧缰要求马屈挠，而左侧缰
控制不让马向前

辅助就能诱使赛马完成转弯。而多数受过训练的赛马能在缰绳放松的情况下保持一定时间的比赛姿势。骑手可以放松缰绳看马匹可以保持这种姿态多久，以检验马匹的自我控制能力。

拍跳

"拍跳"是香港赛马界的常用术语，意思是两三匹马在训练时结伴快跑。拍跳有两种基本形式。一种是分先后起步，后起步的马匹在途中（大多在末段）加速以追上前方马匹。另一种是同时起步，或并驾齐驱或一前一后，到了末段双双发力加速。

作为马匹操练方式之一，拍跳主要有以下几种作用。

（1）激发马匹的角逐意识

马是天生擅长奔跑的动物，又是群居动物，在结伴奔跑时，会特别起劲，如果比同伴跑得更快，就会有优越感。在野生马群中，唯有在奔跑中胜过同伴，方能在族群中获得较高地位，而速度最快的马会成为马群中的领袖。赛马的生活形态虽然已经和野生马群大不一样，但彼此之间通过竞逐来分出强弱的习性仍在。一匹马如果长期没有机会与其他马匹竞跑，角逐意识就有可能减弱。

（2）考察马匹的真实水平

马匹和人一样，个性各不相同。譬如有些马匹懂得偷懒，单独试跑时显得懒洋洋提不起劲，然而一旦与其他马匹结伴快跑，马上就显露出真实能力，令人难以判断它进步的程度或者状态的起落。

（3）调教马匹

年幼的马匹竞赛经验不足，需要多加练习，需要在有同类的跳拍中学习到怎样出脚、如何蓄力以及何时发力。还有些马的跑姿很不规矩，可能会有内闪、外闪的陋习，这就需要在拍跳时安排它走外侧或者走里侧，由伴试的马匹引导它改善跑姿。

注意：拍跳是磨炼马匹状态的手段之一，但运动量较大，体能消耗较多。假如拍跳过度，就有可能引起反面效果。哪匹马需要拍跳，何时应该拍跳，练马师应凭自己的专业知识及经验来作出安排。

试闸

训练进行到一定程度，就可以让马开始试闸了。试闸是训练当中很重要的一个环节，顺利通过试闸的马匹才有可能参加比赛。多数马在第一次试闸时会有不同程度的紧张和兴奋，这是很自然的，因为这种感觉对没有参加过比赛的马匹来说很新鲜。骑手要通过试闸让马尽可能多地习惯比赛的流程和环境，减少马的紧张和兴奋感。

一个有经验的骑手应该对第一次试闸做好心理准备，练马师也应在试闸前给骑手以教导。刚开始马匹不知道为什么要进闸，因此需要由两匹成熟的马来陪练，以锻炼其反应能力。但当马匹明白为什么要进闸之后，又可能因为太过紧张而逃避进闸。应付这种情况有多种方法，可以先试着拿一些好吃的食物来诱惑其进闸，不行就用"蒙眼罩"或"兜马剩"的办法。马匹进入闸厢后，要尽力使马匹稳定安静，因为在比赛时还要等待其他马匹入闸，太过急躁容易发生"漏闸"现象。马匹进入闸厢后要摆好姿势，目视前方，尽量集中注意力，等候开闸员的口令。对于

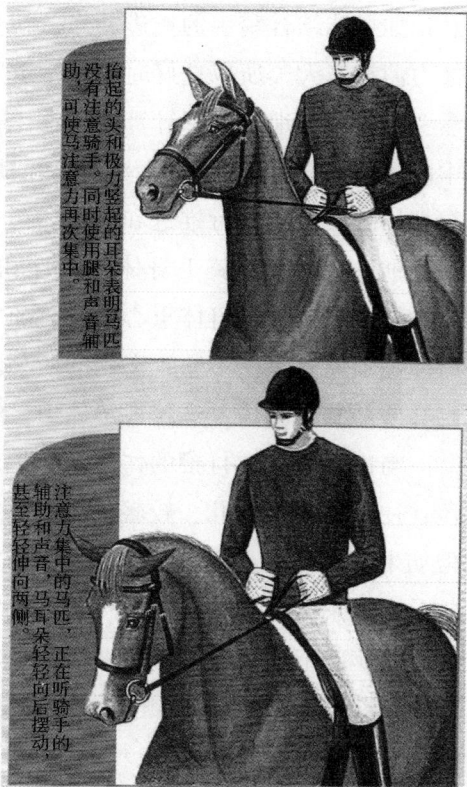

指起的头和极力竖起的耳朵表明马匹没有注意骑手，同时使用腿和声音辅助可使马注意力再次集中

注意力集中的马匹，正在听骑手的辅助和声音，马耳朵轻轻向后摆动，甚至轻轻伸向两侧。

注意力集中与注意力不集中时的马匹

一匹没有经验的马来说，头几次出闸反应会比较慢，这并不是马匹本身反应迟钝，而是在开闸的一瞬间它不知道要做什么，甚至有很多马还会因为害怕而向后退。但在陪练马的陪伴下，只需几次，马匹便知道开闸的瞬间要尽力地冲到最前方。

马出闸的一瞬间速度非常快，所以骑手注意力必须高度集中，否则身体重心很容易因为跟不上马而向后甩。这会导致骑手不自觉地拉缰，继而影响马匹的起跑。应付这种情况一个常用方式是拉脖圈，出闸时拉

住马的脖圈能帮助骑手稳定重心。

推进和打鞭

在冲刺阶段，马与马之间的竞争进入白热化阶段。马匹强烈的竞争意识如果能结合骑手的推进动作，就会大幅地激发其潜力。冲刺对马的体力消耗极大，所以选好时机非常重要。这个时机不能仅靠技巧，而是需要经过精密地测量和计算的。在比赛前，练马师会根据马在训练过程中的各种数据，告诉骑手一个合适的爆发点。在比赛中，骑手就要在这个拟好的爆发点进行推进和打鞭。

推进就是利用骑手身体的惯性和上肢的力量在马匹奔跑时予以助推。推进的要领是身体重心要低，随着马背的起伏顺势向前发力。推进时谨记缰绳要不松不紧：太松的话马匹可能会重心前倾而栽倒；而太紧则会使马感到阻碍，迅速耗尽体力，继而无力向前冲刺。

与推进不同，打鞭的作用主要是对马的警告和激励。马匹在冲刺阶段往往体力所剩无几，较轻的鞭打能振奋马匹的精神，激发马的潜能；但如果鞭打得太重则会使马更快地精疲力竭，所以千万不要真的用力去打马。如果马匹体力耗尽，再怎么打它也于事无补。打鞭的技巧是跟着马匹奔跑的节奏一步一下或两步一下。马匹有外闪毛病的一定使用外手鞭，以防马匹向跑道外侧拐出。在竞争异常激烈时可以用两手轮换打鞭，一是可以缓解骑手体力消耗，二是警示马匹已经到了最关键的时候了。

速度赛马的基本战术

赛马战术是一种取胜的策略。需要根据比赛对手的情况合理分配马匹的体力，扬长避短，以智取胜。在比赛中合理运用战术是非常重要的，一个优秀的骑手要想进一步提高比赛成绩，战术运用是一个不可避免的环节。

出闸的基本战术

在短距比赛（如 1000 米、1400 米）和中距比赛（如 1800 米、

2600 米）中，马的出闸都十分重要。在 1400 米以下的赛道，出闸领先在很大程度上可以奠定获胜的基础。而在 1800 米以上的赛道，出闸的领先亦能使骑手抢到一个理想的位置，少绕一些弯道，从而将更多的体力留在冲刺阶段。

要取得理想的出闸状态，应掌握两种常用战术。一是合理调整进闸时间。很多马匹都会在进闸后感到紧张，尤其是有赛场经验的马匹。这种紧张感如果持续下去就会使赛马产生慌乱和骚动，从而提前消耗体力，影响出闸状态。但在赛场喧嚣的环境下，骑手也很难去安抚激动的马匹。这时就可以让这一类型的马推迟一些进闸，从而减少马在闸厢内的时间，避免马匹的过度兴奋。同样的道理，有一些不好进闸的马则应该提前进闸，以免出现意外。二是要在出闸后立即寻找有利位置。中距离比赛中最好的闸位是在 3～6 道。如果抽签抽中外道，应在第一个弯道前尽全力占据有利位置，紧随第一集团。

中距赛常用战术

根据赛道的距离合理分配马匹的体力消耗，这种战术在 1800 米以上的各种中距离和长距离比赛中至关重要。因为体力分配不正确而输掉比赛的事情时有发生，不是前半段放得太快导致冲刺段体力不支，就是前半段收得太过，导致冲刺段无力回天。

中距赛（1800～2600 米）的体力分配战术运用如下：出闸三四百米抢占位置后放缓速度，将位置保持在第一集团的第 2～5 名的位置上。途中要留意马匹的呼吸频率和体力状况，也要尽量留意周围其他马匹以及目标对手的情况。与短途不同，中距赛中必须根据同组马匹的实力、特点来制定战术，才能发挥出马匹的最大能力。在前半段距离中，耐力强的马适合采取领先跑的战术，而爆发性好的马适合采取跟随跑战术。这是因为耐力好的马爆发性都一般，最后的冲刺时很难提高速度，若采取跟随跑后期难以超越对手。而爆发性好的马若采取领先跑会在前半段消耗大量体能，导致后期无法冲刺。而对于一些耐力和爆发力均属上乘的马来说，常用的战术是交替领先，即领先一会儿，跟随一会儿。这种战术不仅能使赛马在冲刺阶段保留一定的体力，还能在心理上极大地打击对手。

在比赛中，有时会有多匹马属于同一团队的情况，这种情况下多会采取一些团队战术，如派一匹马领跑把速度带起来，另外的马匹在后面跟随保存实力。在第九届全运会1800米的决赛中，内蒙古代表团就有两匹马同时进入决赛，当时就是使用了这种一个领跑其他跟随跑的战术，最终内蒙古的李帅驾驭的跟随马成功超越领跑马夺得冠军。当时的情况是：练马师安排一匹前速好的马在出闸就抢到第一位，而李帅驾驭另外一匹后程发力较好的马匹紧随其后。比赛中后段，领跑马速度有所下降，另一匹马顺势超越并保持优势直至终点夺冠。而领跑马由于前段领先优势明显，后面的马很难赶超，最终也取得了季军。

长距赛常用战术

5000米以上的比赛（如5000米、10000米、12000米等），起跑领先的优势已不再重要，所以往往不设闸厢，而只是在起跑线上拉一根绳。在起跑后的前几百米，由于参赛马匹较多，相互竞争激烈，骑手往往很难控制马匹的速度。不过相比漫长的跑道来说，与其在这时使劲控制马匹前速，还不如先任其自由地跑一二百米，占据一个理想的位置。

在长距离比赛中，有多匹赛马参赛的团队有一种惯用战术：先派一匹速度快的马在前领跑，把马群的整体速度带起来。而另外的马匹并不跟随，而是在后保存实力。在一段距离之后，盲目跟随领跑马的马匹会被漫长赛道迅速拖垮，领跑马也因体力耗尽被甩在后面。这时如果马匹仍有富余，则再派出一匹马领跑，以拖垮更多的跟随马。直到大多数对手都落入这种圈套后，不紧不慢跟在后面的实力马才开始崭露头角，迅速取得比赛的主导地位。

在比赛中如果遇到对手使用这种战术，千万不要理会。要找到平时训练时的节奏，整个路程都要按照自己的节奏来跑，尽量不要受到其他马匹的干扰。在途中仔细分清哪些马才是具备竞争实力的，要多留意这些有实力的马。

在长距离比赛中，要特别注意观察马匹的呼吸以及腿部的健康状况。有很多马不能够负荷这样强度的比赛，会在中途受伤以致提前退出比赛。还有，就是要尽量避免在途中与其他马匹并行，并行容易激发马匹的竞争意识，导致马匹体力过早消耗而令马匹在赛程后段感到乏力。马匹一般会在七八千米的时候出现极点，出现极点的时候，要鼓励马匹在心理上坚持住。骑手在行动上一定要积极，以帮助马匹调整呼吸和步频节奏。具体地说，当马出现极点时应尽量让马匹做到深呼吸，大步幅，控制良好的呼吸节奏和步频，尽可能快地度过极点。

超马

超马一般都在直道。根据比赛规则，超马必须要从外道，如果选择弯道超马就会比其他马多跑很多路程，无端加大体能消耗。在弯道上一般应选择跟随，也可借机让马匹换口气，为冲入直道后的超马做足准备。

冲刺

最后几百米的冲刺是整场比赛中最检验马匹和骑手能力的时候。但在冲刺前切记要让马在最后一个弯道上换一口气。因为在这时，马匹已经非常疲劳，不换气直接进入直道冲刺必定力不从心。所以千万不要在弯道阶段就开始发力，在弯道上因为换气而落后的马在直道冲刺阶段反超前马的几率极大，而在直道冲刺阶段一旦落后就很难再反超了。

一匹赛马能否跑出优异理想的成绩受诸多的因素的影响，这其中有些因素是不可改变的，比如赛马的体质、血统、基因等，有些因素则是可以加强的，比如体力、技巧、战术运用能力等。驯马和育人一样，都要因材施教。训练前根据马匹的各项特性制订完善的训练方案；比赛前根据马匹的身体状况和赛道以及对手的情况制定完善的应赛策略。骑手要牢记一点，比赛是战术运用、身体素质、技术能力三者的综合较量，三者必须齐头并进，缺一不可。而这三者的顺序是先身体素质，再技术能力，最后是战术运用。先基础，后提高，稳扎稳打，方是取胜之道。

PART 8 裁判标准

盛装舞步赛中的裁判

　　盛装舞步赛马的舞步大致分为停止、慢步、快步、跑步、后退、过渡、半停止（半减却）、变换里怀、图形、横向运动后肢旋转、帕沙齐、皮埃夫、收缩、顺从/推进，骑手的姿势和扶助等步伐。其中慢步分为缩短慢步、中间慢步、伸长慢步和自由慢步，快步分为缩短快步、工作快步、中间快步和伸长快步，跑步分为缩短跑步、工作跑步、中间跑步、伸长跑步、反对跑步、简单变脚和空中变脚，图形分为圆形、蛇形和8字形等，横向运动可分为偏横步、根步、正横步、反横步、斜横步。3名裁判要根据每个动作的顺序和标准，按骑手的姿势、风度、难度、完成情况和艺术造诣等表现来打分。

2004 年奥运会盛装舞步
个人赛冠军范格林斯芬

　　国际马联的官方科目必须完全靠记忆进行，所有的动作都必须按照科目规定的顺序进行。

摇铃与致敬

（1）摇铃。在铃响之后选手应该在 45 秒钟之内到达赛场的 A 点。在自选动作比赛中，如果遇到技术问题或者音乐出现问题时，在 C 点的裁判可以停止计时并且等到问题解决后再继续。在 C 处的裁判负责的是摇铃和显示钟或计时。当钟显示的时间是 45 或 90 秒的时候，应该被运动员清晰地看到。

（2）致敬。选手敬礼时，必须单手持缰，否则裁判可对其罚分。

错误中的扣分

（1）路线错误。当选手发生路线错误时（转错弯、遗漏动作等等），裁判长摇铃警告。必要时，裁判长还可以指示他，应当从哪一点上继续做科目，以及接下去应当做哪个动作，然后让他自己继续做。但是，有些情况下，虽然选手走错了路线，但没有必要摇铃，以免妨碍选手表演的流畅性。例如选手没有在 K 点而是在 V 点从中间快步变换成缩短慢步，或者是从 A 点跑步上中央线以后，没有在 L 点而是在 D 点做了后肢旋转，这种情况下，是否要摇铃由裁判长决定。然而，如没有摇铃，选手又犯得相同的错误，只扣一次分。是否发生路线错误，由裁判长决定。其他裁判的相应减分。

（2）科目错误。当一位选手犯了"科目错误"时，（轻快步而不是坐着快步，敬礼时没有单手持缰等等），必须按一次路线错误判罚。原则上，不允许选手重复科目中的动作，除非 C 点裁判判定是一次路线错误（摇铃）。但是，如果选手已开始重做同一个动作时，裁判员应当只考虑第一次做该动作的表现，同时罚他一次路线错误而扣分。

（3）未注意到的错误。如果裁判员没有注意到发生了路线错误，则选手只受到怀疑而不罚分。

（4）每次路线错误，不论是否已摇铃，除上述外，都必须罚分。

淘汰的情况

（1）跛行。如果发现马匹明显腿瘸时，裁判长应当通知选手被淘汰出局，对这一决定不能上诉反抗。

（2）抗拒。任何抗拒行为妨碍科目的继续进行，超过 20 秒，将被淘汰出局。这对于任何进入舞步比赛场地前的违抗都是适用的。然而，如抗拒可能会危及选手、马匹、裁判、公众，因安全原因可以不足 20 秒而淘汰该选手。本条例也适用于进入舞步场地前的抗拒。

（3）跌倒。如果马匹跌倒或者运动员落马，运动员将被淘汰。

（4）在舞步比赛中途离开场地。舞步比赛中，马匹在由 A 点起到退出赛场为止的时间内，如果四个马蹄全部离开了舞步赛场，将被淘汰出局。

（5）场外协助。任何用声音或用手势的外界干预，都被认为是对骑手或马匹的不合法的非经允许的帮助，受助的骑手或马匹被淘汰出局。

（6）其他导致淘汰的理由可能是：①人马组合都没有能够达到该赛事的水平。②该动作有违马匹的福利。③人马组合没能在规定的开始时间内进入比赛场地。除非及时告知 C 点裁判合理的理由，这些理由可能是马匹掉了蹄铁等等。

罚分细则

罚分将被每个裁判从这个运动员所得到的总分中被扣除，记录在评分表上。以下这些是由于受到惩罚而被扣除的分数：

以下所有的这些都被认作是错误的：

路径的错误或带着鞭子进入场地旁边的区域或带着鞭子进入舞步比赛场地或在铃响后的 45 秒种内没有进入场地或在铃响之前进入场地或在自选动作比赛中，在音乐响起 20 秒后才进入场地：

第一次错误   扣除 2 分

第二次错误   扣除 4 分

第三次错误　淘汰

在自选科目中，扣分规则如下：

第一次错误　扣除可能所得的总分的百分之一

第二次错误　扣除可能所得的总分的百分之二

第三次错误　淘汰

对于自选动作比赛中的扣分规则同样适用于年轻马匹的比赛。

具体点上执行的动作：规定在赛场某一点上做的动作，应当在选手身体到达那一点的瞬间做出来，除非是在过渡的时候，马匹接近在对角线或垂直处的字母。在这种情况下，过渡必须在马匹的鼻子碰到字母边的蹄迹线时执行，这样马匹在过渡中就能保持直线。

马匹一旦启动，科目从 A 点入场开始，到科目完成时敬礼，即告结束。科目开始前，或结束后，所发生的任何意外事件都对评分没有影响。选手应当按科目表所规定的方式离开舞步赛场。

评分标准

所有裁判评分的动作和从一个动作到另一个动作的过渡都在裁判表编号罗列，裁判必须分别打分。

三蹄迹线的肩内

每项动作可评 0～10 分，最低 0 分，最高 10 分。

评分标准如下：

10 分　优秀

9 分　良好

8 分　好

7 分　较好

6分　满意

5分　及格

4分　不足

3分　较差

2分　差

1分　很差

0分　未执行

"未执行"意思是所要求的动作，实际上没有做。

在自选科目中，艺术得分可以使用半分。

综合评分在选手完成动作之后评出。

（1）步法

（2）推进

（3）顺从

（4）骑手的姿势和骑坐，扶助的正确性和效果。

每项综合评分，可判0～10分。

综合评分和有一定难度动作的评分，由国际马联制定一个系数。

最后需要指出的是，本规则不可能列举一切可能发生的事件，因此，如发生任何不可预测的意外情况，裁判组有责任本着体育精神，尽可能以接近国际马联总则和本规则的基本原则，做出裁决。

场地障碍赛中的裁判

马术比赛分为团体赛和个人赛，团体赛每队4名选手组成，将其中前3名队员的成绩相加为团体成绩。个人赛的障碍高度高于团体赛，骑手在规定时间内如果出现罚分相同，将进行复发，复赛将减少障碍数量，增加障碍难度和高度。骑手要运用娴熟的技能，既不碰落障碍，又要行走最佳路线，目的是为在最短时间内完成比赛，赢得最后名次。骑手没有按号码顺序跳障碍，落马，超过比赛的限制时间或赛马在一次比赛中两次拒跳，选手即被淘汰。场地障碍赛的成绩评定，以罚分少、时间快为优。

具体而言，骑手进入比赛场地后，听到裁判长允许比赛的铃声后方可进行比赛。骑手通过起点的标志杆，比赛即开始，全部跳完12道障碍，通过终点标志杆后，比赛成绩方有效。骑手通过每一道障碍的正确方向是白旗在左侧，红旗在右侧。骑手在比赛中每打落一个横杆，罚4分；马匹在障碍前不跳或者不服从骑手的控制，罚3分；超过规定时间，每秒钟扣罚0.25分。骑手第一次落马——罚8分；骑手没有按号码先后顺序跳跃障碍，第二次落马，马匹出现3次拒跳，比赛用时超过限制时间等等，骑手将被淘汰。

跳障碍时骑手的重心偏左，马匹相应的反应是准备用正确的腿落地，左转。

右转向时不正确的重心辅助

（a）重心向前和向内都会妨碍马的平衡；

（b）垮掉右侧髋关节，滑向鞍子外侧。

跳障碍姿势

马术三项赛中的裁判

盛装舞步和场地障碍赛部分与通常的盛装舞步和场地障碍赛的基本规则与评分办法相同。

根据2000年所使用的规则（仅限于2000年），在障碍追逐与越野赛段，障碍前的第一次不服从将扣罚 40 分；同一障碍前的第二次不服从将扣罚 80 分；同一障碍前的第三次不服从将遭淘汰。落马一次扣罚 120 分；第二次落马将遭淘汰。超过规定时间限制也要罚分。以前争取时间可加分数，但在 1976 年奥运会前改变了这一规则。

1912 ~ 1992 年，个人赛与团体赛同时进行。1996 年，这两个项目被分成单独的赛事，以迎合国际奥委会反对在一次比赛中颁发两套奖牌的政策。三项比赛之间的关系，原则上，越野赛为三项比赛中比重最大的项目。相对而言，舞步赛的重要性略次于场地障碍赛。因此，越野赛和场地障碍赛的路线、障碍及其他条件应作相应设置，以尽可能确保上述比重。

所有项目总计罚分最低的参赛者为冠军。如遇总罚分相同，排名以越野赛的障碍罚分以及各阶段的时间罚分之和较低的参赛者为冠军。如越野赛罚分仍相同，则以越野赛行进时间最接近规定时间者为冠军。如仍有并列，以越野障碍赛行进时间最接近允许时间者为冠军。团体赛按各队最好成绩的 3 名参赛者的总罚分排名，最低者为冠军队。如有并列，按各队第 3 名参赛者积分排名，第 3 名参赛者成绩最佳者为冠军队。

PART 9 赛事组织

主要赛事

现代赛马根据比赛形式的不同可分为三个主要类型，即平地赛、障碍赛和快步赛。其中平地赛在所有赛事中所占的比例最大，是最流行的一类赛事，其次是快步赛。三类赛事所用赛马品种有所不同，而且除平地赛外，障碍赛和快步赛都有明显的地区特色。下面就对这三类赛事作一些简要介绍。

平地赛

平地赛主要是以纯血马为赛马品种的比赛。该赛事在平地赛道上比赛，赛场一般呈椭圆形。比赛距离因不同地区和不同赛事而有较大差异，一般在5~16弗浪（合1000~3200米）。比赛一般在草地、沙地或人工合成赛道上进行。北美的重要赛事主要在沙地或人工合成赛道进行，而欧洲则一般在草地赛场上举办赛事。

平地赛根据赛马负重的规则不同可分为限制赛和让磅赛。限制赛中，赛马根据性别、年龄、赢得比赛的情况来决定负重的多少。总体的原则是，公马比母马负重多，成年马比幼马负重多，成绩好的马的负重多于一般马，在具体比赛中有更为详细的负重规则。而让磅赛则是根据赛事积分所反映出的赛马水平差异，通过专门的负重评定体系进行负重的比赛方式。一匹马比赛名次越好，积分越高，则其负重也就相应越大。无论是限制赛还是让磅赛,其原理都是通过负重使具有不同比赛能力的赛马都有均等机会胜出,使比赛结果具有不可预见性,增加了博彩投注的挑战性和趣味性。在欧洲,重要赛事几乎都为限制赛。而限制赛又可根据比赛影响力和重要性的高低分为几个类别。以欧洲为例,限制赛可分为 1、2、3 类赛事(Group 1,即 G1;Group 2,即 G2;Group 3,即 G3)和排名赛事。其中 1 类赛事包括了经典赛事和其他具有重要影响的赛事。而让磅赛主要是普通赛事,重要性上低于限制赛。澳洲有着与欧洲限制赛相似的赛事等级分类。而北美与欧洲限制赛相对应的赛事则是按 3 个等级进行划分(Grade I,即 GI;Grade II,即 GII;Grade III,即 GIII)。与欧洲有所不同的是,澳洲和北美的让磅赛也可纳入到等级赛事中。尽管大多数重要赛事都为限制赛,但让磅赛也包括一些有名的赛事,尤其在美国有为数不少的让磅赛属于一级赛事。

平地赛无论是赛事的普及程度还是场次数、奖金额等方面都是现代赛马中影响最大的一类比赛。平地赛的马品种除纯血马外,还有阿拉伯马和夸特马,但后两者的赛事占平地赛的比重很小。2009 年 IFHA 统计的世界平地赛场次数约为 15 万场,其中,美国、澳大利亚和日本分别以近 5 万场、2 万场、1.8 万场名列前三甲,遥遥领先于其他赛马国家和地区。

障碍赛

障碍赛是赛马在比赛过程中需跃过一系列一定高度(一般为 3.5 英尺或 4.5 英尺)(1 英尺约为 0.3 米)的隔栏或其他一些障碍物的比赛方式。障碍赛起源于 18 世纪 50 年代的爱尔兰。据称障碍赛是人类从骑马狩猎中衍生出来的竞赛项目。首次有记载的障碍赛是在 1792 年莱斯特夏举办的,而商业性的赛事则由 1830 年举办赫特福德障碍赛开始。早期的障碍赛在野外进行,直到 19 世纪初才有了专门举办障碍赛的赛场。1866 年,英国成立了全国障碍赛委员会,负责英国该项赛事的管理,从而使障碍赛与平地赛一样,成为了一项管理规范的正规赛事。最负盛名的障碍赛事是每年 3 月份英国举办的切尔滕纳姆全国障碍赛马节，而其中的切尔滕纳姆金杯赛则以丰厚的奖金著称，在世界上享有盛誉。另一项著名障碍赛事是利物浦恩特里赛马场的全国大赛，每年 4 月份举办。绝大多数障碍赛马为纯血马。与平地赛类似，障碍赛马也分为一级到三级赛事，以及排名赛、让磅赛和初级赛。赛级越高奖金额也就越高。

IFHA 统计的资料显示，2009 年世界障碍赛的场次为 8139 场，而且主要集中在欧洲，其赛事占了世界障碍赛事的 92% 以上。其中英国 3374 场、法国 2212 场、爱尔兰 1412 场分列前三名，而其他主要赛马国家障碍赛马的场次均不足 300 场。爱尔兰的障碍赛场次超过了平地赛，显示了障碍赛在该国的影响力。

快步赛

快步赛一般是指由驾师在双轮的轻驾车上驾驭赛马按规定的步伐进行的比赛，又称为轻驾车赛。快步赛中使用最多的是美国培育的快步马品种——标准竞赛马。快步赛的规定步伐有两种，即快步和对侧步，比赛只在相同步伐的赛马间进行。快步是指马匹先移动右前腿和左后腿，再移动左前腿和右后腿，肢蹄呈对角线式行进。而对侧步是指先移动右前腿和右后腿，再移动左前腿和左后腿，两侧肢蹄平行运动。欧洲大陆的快步赛几乎都采用快步步伐，而在美国、加拿大、澳大利亚、新西兰、英国则同时有快步和对侧步两类比赛。其中在美国和加拿大大多数比赛为对侧步赛事。对侧步比快步速度略高，而且不容易乱步伐。在快步赛中，如果参赛马匹乱了步伐，由快步或对侧步变为奔跑，那么该匹赛马就必须在恢复了规定步伐后再重返赛场，这就影响了比赛的流畅性和观赏性。对侧步比起快步更容易保持步伐，一个重要原因是对侧步赛马同侧肢之间可有绳索相连，对赛马的步伐起到了限制作用，从而保障了对侧步赛事的顺畅进行。比赛一般在快步赛专用赛马场举办，但也有一些赛场可举办平地赛和快步赛两类比赛。北美的快步赛的距离一般为 1 英里（约合 1600 米），而澳大利亚的快步赛道一般要更长一些。快步赛中涉及许多技巧，如比赛进程中的占位，终场前加速的时机等。

快步赛在现代赛马中所占的比重仅次于平地赛。该类比赛主要集中在欧洲、北美洲和大洋洲国家。欧洲的快步马比赛较为普及，尤其是在北欧国家。北欧的一些国家也使用除美国标准竞赛马之外的本国的快步马品种，如法国快步马、芬兰马、多勒康伯兰德马等。其中，法国的快步马比赛别具一格，骑手就像平地赛那样直接策骑于马背上，而不采用轻驾车。受其影响，其他个别北欧国家也开始举办这类比赛。世界上快步赛规模较大的国家主要有美国、加拿大、澳大利亚、意大利、法国、瑞典、德国、新西兰等。其中美国、加拿大的该项赛事数量占了世界总量的近一半。

奥运会马术比赛

马术运动是少有的几个男女同场竞技的奥林匹克运动项目之一。奥运会的马术比赛共设三项六枚金牌。它们是盛装舞步赛（个人、团体）、场地障碍赛（个人、团体）和马术三项赛（个人、团体）。

盛装舞步赛，分个人和团体两个项目，1912 年被列为奥运会比赛项目，团体于 1928 年被列为奥运会比赛项目。比赛时，马和骑手要在长 60 米、宽 20 米的场地内用 12 分钟的时间完成一系列规定和自选动作。以骑手完成动作的姿势、风度、难度等技巧和艺术水平评分，得分高者名次列前。

个人盛装舞步赛：团体赛中排名前 25 名的选手参加大奖

北京奥运会马术比赛

赛特别项目的比赛（比赛内容与大奖赛相同），比赛时间较短。第一轮比赛决出的前 15 名选手进入决赛。比赛配以音乐。

团体盛装舞步赛（每队 4 名选手）：参赛选手争夺大奖赛（必赛项目）。由 5 名裁判从 10 个技术方面为选手逐项打分。每队取前三名选手的成绩记分。积分最高的队获胜。

场地障碍赛，奥运会有个人（1900 年列入）和团体（1912 年列入）两个项目。场地至少 2500 平方米，设置十多个高 1.40～1.70 米的障碍。运动员骑马必须按规定的路线、顺序跳越全部障碍。超过规定时间，马匹拒跳以及运动员从马上跌落等都要罚分。罚分是负分，最好成绩为零分，罚分少者名次列前。

个人场地障碍赛：第一阶段比赛分为三轮，优胜者进入决赛。决赛分两轮，第一轮决出 20 名选手进入第二轮比赛。两轮比赛中，被扣分数最少者获胜。如果出现平局，则加赛一轮。如果加赛后仍为平局，则最先到达者获胜。

团体场地障碍赛（每队 4 名选手）：比赛分为两轮进行，这两轮比赛同时也作为个人赛中的第二和第三轮比赛。取每队前三名选手的成绩决定胜负。如果出现平局，则加赛一轮。如果加赛后仍出现平局，则最先到达者获胜。

马术三项赛，分个人和团体两个项目，1912 年被列为奥运会比赛项目。骑手在 3 日内连续参加 3 项比赛，第一天盛装舞步赛，第二天越野赛，第三天场地障碍赛。以三项总分评定名次。

个人马术三项赛：比赛分为三部分，在三天的时间内按照以下顺序进行：盛装舞步赛、越野耐力赛和障碍赛。要求选手在每一部分的比赛中都必须骑同一匹马。扣分最少者获胜。

团体马术三项赛（每队由 4 名选手组成）：取每队在个人赛中前三名选手的成绩记分，被扣分数最少的队获胜。

世界马术锦标赛

世界马术锦标赛是世界马术比赛中最盛大的赛事，每4年举办一次，在两届夏季奥运会的中间。赛事长度为2周。举办场地各届不同，这里集中了世界上最好的骑手和马匹。

第一届：瑞典的斯德哥尔摩，1990年，六个马术项目：场地障碍、盛装舞步、马上体操、耐力赛、三日赛和马驾车比赛。

第二届：荷兰的海牙，1994年，项目同上届。

第三届：意大利的罗马，1998年，项目同上届。

第四届：西班牙的杰瑞兹·德·拉·弗兰特尔，2002年，项目增加了西部牛仔骑术，变成了7项赛事。

第五届：德国的亚琛，2006年，项目同上届。

第六届：第一次在欧洲以外的国家——美国的肯塔基，2010年，项目同上届。这是世界上第一个有条件只在一个地方就可举办全部赛事的胜地。

世界马术运动会

世界马术运动会（World Equestrian Games）是一个国际性的马术竞赛盛会，于1990年首次举办，之后每4年举行一次，由国际马术总会（FEI）举办，于每次奥运中间年举行。

世界马术运动会参赛骑手需要事先获得参赛资格。而三项赛骑手要想参加这一世界大赛必须要在开赛两年前获得四星级骑手资格，同时在开赛前还要通过一次三星级一日赛和一次三星级三日赛。

第一届：1990 年，在瑞典的斯德哥尔摩举办；第二届：1994 年，在荷兰的海牙举办；第三届：1998 年，在意大利的罗马举办；第四届：2002 年，在西班牙的赫雷斯举办；第五届：2006 年，在德国的亚琛举办；第六届：2010 年，在美国的列克星敦举办。

截止 2010 年，各国奖牌总榜前三名的国家是：德国，金牌 26 块，银牌 14 块，铜牌 20 块，共计 60 块；英国，金牌 12 块，银牌 14 块，铜牌 8 块，共计 34 块；美国，金牌 12 块，银牌 12 块，铜牌 11 块，共计 35 块。

伯明顿大赛

英国人对马的热爱到了让全世界人都感到吃惊的程度，英国人自称三项最伟大的传统，第一是猎狐，第二是赛马，第三是马球。英国人自称有一个传统嗜好：喜欢发明球类运动，如板球、高尔夫、橄榄球、足球，还有其他的运动如羽毛球、乒乓球甚至小小的台球，但到今天似乎所有的运动都是由外国人击败英国人，只有一项运动根植于英国人的心中并始终认为英国是全世界最强的，也最让英国人感到自豪——这便是马术三项赛。

马术三项赛的英文名称是 BRITISH EVENTING，"每年 190 场赛事，23000 名骑手和马匹参赛，30000 名专业资格的志愿者，500000 名观众和少数几个星级""一起，使我们让英国马术赛成为世界上最具挑战、最振奋和最涵

伯明顿大赛赛场

括的马类运动！"这是英国马术三项赛在伯明顿大赛手册内页上的号召用语。

伯明顿大赛是在英国伯明顿庄园举行的一年一度的国际马术三项赛，该赛因其艰难和辉煌的历史而著称，不仅使它成为国际马术三项四星级中最顶级的大赛，而且还成为世界体育史上最伟大的赛事之一。

起源

二战结束后，1948 年成功地举行了伦敦奥运会，伟大的体育运动精神再一次开始激励着经过残酷战争磨难的世界人民。伯明顿庄园主人毕福德公爵十世受到伦敦奥运会的启发，决定把代表英国传统的体育运动——马术三项赛设为一项每年举行的最高级别的赛事。

毕福德公爵十世之所以设立顶级马术三项赛赛事，主要基于两点：其一，1948 年奥运会，英国作为以马术运动为伟大传统的国家，竟然在马术项目上未获任何奖牌，被视为一种耻辱。为此，在英国建立世界最顶级的马术三项赛赛事，使英国马术运动的水平能够达到和保持在世界最顶级状况。其二，马术三项赛向来被英国贵族统治阶级和上流社会视为从马上军事行动到生活中离不开的猎狐活动的衍生运动，是他们的拿手戏，怎么就不能建立一项代表世界最顶级水平的长期赛事，把英国的一项伟大传统展示给全世界？于是毕福德公爵十世把伯明顿庄园辟为每年一度世界最顶级的马术三项赛比赛场地。

伯明顿大赛从 1949 年开始举办，无论从赛事的艰难程度，骑手与马匹组合比赛水准，还是从赛事组织规模，观众参与人数到运动本身对英国和世界的影响来看，都堪称世界马术运动第一大赛事。

代表世界体育竞技最高水准

代表世界最高水准的 85 位骑手与马匹组合在 6500 米赛程中，以平均每分钟 570 米的速度跨越 31 道越野赛障碍物，其中包括 8 道组合障碍，共 51 道个体障碍物。伯明顿大赛越野赛以坡地赛程，障碍物的艰难和危险著称。跨越难度率从 30% 到 90% 不等，分为水中连续障碍，大跨度障碍和深落差障碍。不管是晴空万里还是狂风骤雨等任何气候条件，从第一天的展示世界最高水准盛装舞步比赛开始到第二天的完成耐力、速度，跨越艰难障碍极限的越野赛，再到最后一天在体能处于极端压力的状况下进行无与伦比的场地障碍赛展示，都考验着每位骑手和马匹组合的心智、技能、勇气和信念。每年仅伯明顿大赛越野赛当天就吸引着 13～18 万观众现场观看，BBC 电视台向世界几个主要国家进行直播。

伯明顿大赛是体育的盛会和体育的节日，每年在整个连续 4 天的比赛中，约 20～25 万观众与他们的宠物倾力投入。公爵本人与马主、骑手和社会精英们每一天的香槟酒会和"圈中人"的聚会，会让他筋疲力尽，而观众从 6.5 公里长的越野赛赛程两侧观赏世界上最刺激和最富激情的体育赛事中得到最大的满足。在比赛间隙和越野赛结束的夜晚，为庆祝而狂欢，盛大的时尚 PARTY 不断。白天在进行比赛的同时，250 间专门店销售"乡间装束"，使所有人都成为乡绅和淑女，这一特色始终引领着世界潮流。从任何角度欣赏伯明顿大赛，它都代表着世界体育竞技最高水准和体育精神的最高境界。

历史名人榜

伯明顿大赛是世界上最老、最富有和最著名的马术三项赛。截止 2010 年它捧出了许多堪称伟大的骑手或为该项赛事作出突出贡献的人物。其中包括：

安妮公主，她的参与推动了整个马术三项赛走向黄金时期；

安妮公主的前夫，四次伯明顿大赛冠军马克·菲利普斯上尉；

华天伊顿公学的学长，连续两年世界排名第一，威廉·福克斯·皮特，他的祖先中曾出现父子两人都为首相的历史；

史诗般的人物，侯爵的女儿，6 次伯明顿冠军卢辛达·格林；

华天的教练，澳大利亚著名骑手佛雷德利克斯夫妇，克雷顿·弗雷德里克斯曾与一匹马连续获三项四星级大赛冠军；

英国新星，约克人奥利弗·唐纽德，赢取了 2009 年的伯明顿和伯利大赛冠军；

前任世界冠军英国女王外孙女，英国王室的骄傲，萨拉·菲利普斯；

27 次参加伯明顿大赛却从未取得过奖牌的新西兰的伟大骑手安德鲁·尼克森；

年过五旬，代表英国 5 次参加奥运会的女英雄玛丽·金；

2009 年欧洲锦标赛冠军克里斯丁娜·库克；

伯利大赛赛事组织主席马克姆·华莱士；

安妮公主和马克·菲利普斯上尉

悉尼和北京奥运会马术三项赛场地设计师，国际马联执委，英国三项赛协会总裁迈克·艾希林顿·史密斯；

前任英国马联总裁，22 年伯明顿场地设计师休·托马斯；

英国青年骑手比赛冠军，被评选为 25 岁以下最佳英国骑手的艾米丽·耐温；

马术三项赛参赛年纪最大的骑手，两次奥运会三项赛个人金牌得主，传奇人物马克·托德；

国际马联三项赛主席，著名意大利骑手古喜帕·德拉·契撒。

技术代表、裁判和终审团

赛事技术代表是独立于赛事组织之外的专家，他的角色是向赛事组织提出对整个赛事的建议，尤其是在比赛场地方面，技术代表与赛事组织始终是伙伴关系，在最终取决上他具有坚持提出改变的权威性。在开赛前，技术代表拥有独家权威性。开赛之后，他作为终审团的专家顾问继续向赛事组织和参赛骑手提供专业意见。

2010 年伯明顿大赛技术代表为国际马术联合会三项赛委员会主席，

曾为比赛场地设计师，技术代表（包括担任 2008 年北京奥运会技术代表），助理技术代表为资深英国马术三项赛场地设计师，技术代表（包括拥有英国伯利大赛场地障碍建设团队 20 年经验），参与 2012 年伦敦奥运会格林威治马术三项赛越野赛场地建设。

比赛一旦开始就在终审团控制下，对盛装舞步赛和场地障碍赛进行打分评判，在越野赛日，观察所有的判分和时间计算，裁决所有的辩争和争议，对任何打分的改变负最后的责任。同样，与兽医代表一起组成验马执行组，执行第一次和第二次所有参赛马匹验马，对任何参赛马匹按他们的意见考虑马匹状况是否适于参赛，为做出决定参赛马匹排除在比赛之外负责。在比赛过程中，任何一位终审团成员同样有权在任何时间停止任何马匹继续参赛，越野赛和场地障碍赛比赛场地在开放给骑手前要经过终审团认可。

难以抵挡的魅力

马术三项赛比赛场地需要草地、丘陵、树林、水塘和开阔的视野，需要在自然的环境中建立各类越野赛障碍物。每次比赛和每场比赛需要设计全新的越野赛障碍，不管是最低级别国际 CIC 一星级一日赛还是最高级别国际 CCI 四星级，任何一场比赛马匹和骑手都要面对全新的线路和障碍物可能发生意外的考验。一位骑手的培养期约 30 ~ 40 年，一匹马的培养期为 10 ~ 16 年，最终大多数骑手和马匹一辈子都可能拿不到好成绩，只有那么几位和那么几匹会出类拔萃。因为成功的几率太低，失败是马术三项赛的特征，危险是马术三项赛的魅力，人马合一是马术三项赛追求的境界，岁数和年月是每位骑手必须付出的代价，金钱在每匹马身上并不代表任何的回报，最优秀的骑手也可能永远得不到奥运会的金牌，伯明顿大赛的冠军和世界马术锦标赛的头衔。那么，为什么还是有那么多骑手一代一代疯狂地进行着这项运动，只有一项它区别于任何其他体育运动，也只有这一项或许能够说明马术三项赛存在的意义，那就是因为它有其不可抵挡的独特魅力，它能不断地在骑手的心中产生"无限的激情"！

德国亚琛大赛

多国交汇的"马城"

小城亚琛位于德国西部的北莱茵-威斯特法伦州，地处风光绮丽的山间盆地，其市中心距德国、荷兰、比利时三国交界处仅5公里，处在欧洲大陆的正中央。森林里有个三国界碑，一面写着一个国家的名字。先天就是"多国交汇"，后天又涌入"世界游客"，亚琛被誉为德国"最国际化的都市"，实至名归。

德国亚琛赛马广场

在亚琛，温泉星罗棋布，素来疗养圣地。亚琛此名的来源，一说就是日耳曼民族的一支法兰克人迁居于此，命名为亚晗（Ahha），而Ahha正是水的意思。另一个更为美丽的传说，古城的建立却是和马有关：那匹查理曼大帝的坐骑，在一次狩猎中，突然用蹄刨地，一股温泉从地下涌出。大帝无比欣喜，大兴土木在此建造行宫，并最终定都于此。

亚琛与马结缘，素有"马城"之称。亚琛世界马术节，已经是世界上最传统最重要的马术竞技大赛，各国选手以在亚琛摘冠、夺名、亮相为荣，而全世界的马迷则蜂拥而入，旅游、观赛、购物。区区方圆，以其天地灵秀、历史悠久，以其文化底蕴、辈出人杰、马术天堂，释放出不竭的能量，吸引着世界的目光。

骑士精神一脉传承

马，意味着最快最利的攻击；马，意味着作战所能肆虐的迅捷；马，意味着疆土所能企及的边界。加洛林王朝就是在马背上建立的。

伟大的查理曼大帝，带领着他的铁骑横扫欧洲。他在位的 44 年期间，发动过大大小小 55 场战争，控制了大半个欧洲的版图，建立了查理曼帝国。是他引入了欧洲的文明，曾出现过的文化复兴，照进黑暗的中世纪，被尊为"欧洲之父"。他定都于亚琛，把这座位于艾弗尔山脚下的城市作为他最喜欢的住所，并在此度过了大部分晚年时光。

扑克牌红桃 K 有查理曼大帝的英姿，可惜是半身像，没有他跃马扬鞭、气吞山河的气势，同样可惜的是，没有他所带领的 12 位圣骑士，蓝血之杰。不过当你漫步在雄伟的亚琛大教堂，依然能感知到他们和战马的气息。就在这里，埋着大帝的遗骸，陈列着他的宝座。就在这里，加冕过 33 位皇帝。这里的脚步，曾经让整个欧洲震颤。

帝国远去，唯有雕塑每日述说着它的背影。曾经帝都，到底给亚琛留下了什么？

有过恢弘历史，胸中自成气象。即使王朝之后，欧洲的重心被一个个的征服者所重新定义，不再光临小城，但曾经浓墨重彩的耀世荣光，使得小城的每一片砖墙，每一个角落，都仿佛有响彻历史的鼓点，充满勃发的力量，潜入寻常的人家。懒散闲雅的背后，独有一份繁华落尽之后的脱尘之感。还有骑士精神：谦卑、荣誉、牺牲、英勇、怜悯、诚实、精神、公正。这些优良的精神品质犹如基因一样，注入了这个城市的魂魄。每一个人来到这里，都能感受到这份兴奋和激烈，驿动不已。每一匹马留驻于此，无须扬鞭自奋蹄。

马术的朝圣地

亚琛世界马术节创立于 1898 年，自 1924 年，除去战争时期，每年都会举办。在这项由国际马术联合会授权命名的 CHIO（Concours Hippique International Officiel）马术比赛上，全球的顶尖骑手与马术表演者齐聚一堂。昔日为帝王加冕，今时为骑士加冕。世界马术爱好者会把亚琛视为看马术赛事必来的地方，而每一位骑手都渴望在这里加冕。

硝烟散去，蒸汽轰鸣之后的世界，马已经从战争和交通中解放出来，成为时尚的运动品类和娱乐方式。也许历史有其偶然，但是如前所述，亚琛所贮存的关于马的历史文化和马术精神却是最肥沃的土壤，加之亚琛人辛勤的浇灌，成就了这一全世界最光彩耀人的马术盛会。

现任德国场地障碍国家队的主教练奥托·贝克曾经作此评论："杰出的马术骑手，蔚为壮观的运动场，设施完善的马术场地，了不起的热情高涨的观众等，这些因素使得人们一次又一次在这片土地为马术心潮澎湃。"

不少人的命运，与之相联，因之改变。和许多热爱马术的人一样，富兰克·科尔曼从小就有一个梦想，那就是来亚琛看一次比赛，在他11岁那年，富兰克如愿成为亚琛世界马术节观赛台上雀跃欢呼的一名观众。那时，不时得站起才能看到整个赛场的小富兰克打算成为一名职业的骑手，梦想有朝一日可以来亚琛赛场上驰骋。后来，他果真成为了一名专业骑手。他在1994年的时候开始以另一种方式参与进来。他成为亚琛世界马术节的赛事总监，隐在后台继续奉献于他的马术事业。

亚琛盛装舞步比赛场馆内

亚琛如此独一无二，无愧马术的朝圣之地。从赛程的安排，赛场的设计，赛事的精彩，更可见一斑。2012年亚琛世界马术节由五星级场地障碍赛，五星级盛装舞步赛，三星级三项赛，四轮马车赛和马背体操赛共5个大项组成。其中又以场地障碍和盛装舞步的比赛最负盛名，而劳力士大奖赛是整个大会的重头戏，比赛定在最后一天举行，让亚琛马术大赛在最高潮中落幕，给人留下难忘的记忆。

万众瞩目的劳力士大奖赛

以万众瞩目的劳力士大奖赛为例，看似流畅的障碍赛比赛路线实则蕴藏了多重洞天。第一轮比赛中，第 5 道双重利物浦障碍最考验骑手。这道障碍高 1.53 米，宽 1.9 米，而且这道障碍紧挨着场地内的一个人造小湖，所以与下一道障碍的距离就不是直线距离了，还有旁边的那个小湖在迷惑着骑手和坐骑。这道障碍在考验骑手注意力的同时，也考验着马匹对骑手的信任程度。这种高难度的障碍，也是只有在亚琛世界马术节上才能见到的特色障碍。场地上还可以看到为考验马匹眼力而设的纯银色障碍，以及极具威慑效果的高大障碍，这些精心设计的障碍和路线无不挑战着马匹对骑手的信任，也挑战着选手们的智慧和勇气。

难怪大赛的路线设计师在介绍路线时不断地强调："在亚琛，只有最好的马才能赢得最后的胜利！如果骑手和马配合得不够好，他们获胜的把握也不会高。"德国著名女骑手梅瑞狄斯·迈克尔·比尔鲍姆说："如果不是亲自比赛，你

亚琛大赛中骏马翻越 1.6 米高的双横木

可能很难想象这些障碍的难度。当你走场的时候，或者在马背上跳跃这些障碍的时候，你都会惊叹它们是多么高大和震撼啊！所以参赛的马必须非常优秀，并且极有天赋。"

高难度的比赛自然准备有相当丰厚的奖金。高达 35 万欧元的奖金是亚琛世界马术节的老朋友劳力士提供的。50 多年来，劳力士一直致力于推动全球马术运动的发展，不断地向顶级赛事、运动员和赛事组织提供赞助和支持，其中当然包括 CHIO 德国亚琛世界马术节。历史悠久的劳力士已经与优雅的马术运动建立起深厚的、独一无二的密切关系。

虽有排名之别、胜负之分，但亚琛无败者，对于好骑手和好马，亚琛永远张开怀抱在等待他们再度归来。所以亚琛是竞技场，而不是名利

场，它是马术精神的圣地！

国际马术联合会

国际马术联合会（International Equestrian Federation，FEI），简称国际马联。1921 年 11 月 24 日在巴黎成立。创始国有比利时、丹麦、意大利、挪威、美国、法国、瑞典和日本。现有协会会员 127 个。总部设在瑞士的洛桑。工作用语为法语和英语。

国际马联的宗旨是：组织全部国际马术比赛，监督比赛的进程，并促进各国马术组织之间的联系。

国际马联的最高权力机构为代表大会，每年第 4 季度举行。每个协会会员可派两名代表与会，但只 1 人有表决权。代表大会有权吸收和开除会员会籍，审议执行局提出的问题，做出纪律处分，选举官员，任命审计员，确定会费金额，审批秘书长、司库和审计员的年度报告，修改章程和规则。代表大会选出执行局，由主席、第一副主席、第二副主席、秘书长兼司库及 9 名执行委员组成。国际马联日常事务由秘书处负责。

国际马联设有若干专门委员会，如各比赛项目技术委员会（超越障碍、盛装舞步、三日赛、马车赛、耐力赛等）、兽医委员会、道德委员会、财务委员会、战略发展委员会和仲裁委员会等。

国际马联的任务是：举办国际比赛；确定、统一和公布比赛规则；确定和批准世界锦标赛、奥运会和地区性比赛的规程和项目；促进各会员国之间的接触；维护和加强各会员国的权威与威望，本着所有会员国平等和相互尊重的原则，反对种族、政治和宗教歧视。

国际马联组织与管理的主要比赛有：盛装舞步赛、超越障碍赛、三日赛和马车赛等世界锦标赛（逢双年举行），包括上述项目的欧洲锦标赛（逢单年举行），欧洲三项和超越障碍锦标赛（每年举行），奥运会比赛（包括个人和团体的三日赛、超越障碍赛和盛装舞步赛）。

国际马联的行为准则规定如下：

（1）在一切马术运动中，必须优先重视马匹。

（2）马匹的健康高于饲养员、教练员、骑手、马主、商人、组织者、主办人和国际马术联合会官员的需要。

（3）一切护理措施和兽医处置都必须确保马匹的健康和福利。

（4）鼓励用高标准要求马匹的营养、健康、安全和环境卫生，并且始终保持下去。

（5）对马匹运输期间的饲喂、饮水、通风和保持环境卫生，必须做好充分准备。

（6）提高驾驶马术训练和实践的教育工作，促进马匹保健方面的科学研究活动。

（7）为了对马匹有利，也必须关心骑手的健康和能力。

（8）一切骑术技艺和训练方法都必须考虑到马匹是有生命的实体，绝对禁止使用国际马联确认为虐待马匹的技术。

（9）各国马术协会应该有适当的管制，以便使所有的个人和团体在自己的权限范围内，优先重视马匹的福利。

（10）不但在国际比赛中，而且在训练中，都必须坚持本国和国际马术规则和规章中有关马匹健康和福利的规定，因此应当经常阅读复习竞赛规则。

中国马术协会

中国马术协会（Chinese Equestrian Association，CEA），简称"中国马协"。中国马协成立于 1979 年，现总部设于北京市。该会是中华全国体育总会下辖的单项运动协会之一，是中国马术运动的全国性群众组织。1982 年，国际马术联合会正式接纳中国马术协会为其会员。

中国马协设有全国委员会，执行委员会，技术委员会，教练委员会，速度赛马管理委员会，中国运动用马管理委员会，中国马上运动发展促进委员会等机构。

中国马术协会的宗旨是：研究、制定发展规划和方针政策；组织、实施各项竞赛活动；组织各级教练员、骑师、裁判员培训；制定运动用马管理规定；评定、审核运动用马的种类和等级划分；组织选拔运动员参加国际和全国性比赛活动；办理有关国际比赛事宜和赛马进出口工作。

中国马协的业务范围包括如下：

（1）宣传和普及马术运动，积极组织并支持国内各种等级和不同类型的马术活动，加强各会员协会之间的联系与交流，增进马术运动员、工作者之间的团结和友谊。

（2）根据国家体育行政主管部门和国际体育组织有关规定，负责协调、组织举办国际性比赛，向有关部门提出国际活动及有关事项的建议，获批准后负责全面实施。

（3）拟定有关马术教练员、运动员管理制度、竞赛制度，报请国家体育行政主管部门批准后施行。

（4）负责协调、组织马术教练员、裁判员、运动员的培训工作。制定马术运动员、教练员、裁判员的技术等级制度。负责运动员资格的审查和处理。

（5）根据国家体育行政管理部门和全国体总、中国奥委会的规定，选拔和推荐国家队教练员、运动员，负责组织国家队集训和参加马术比赛。

（6）负责教练员出国任教的选拔和运动员个人到境外训练、比赛的归口管理工作。

（7）负责协调和组织马术运动的科学研究工作。

（8）开展与项目发展有关的非经营性活动，为马术事业的发展积累资金。

PART 10 礼仪规范

观赛礼仪

不要在观看马术比赛时向场地内乱扔各种物品，包括食物，以免打伤马匹、骑手，或使参赛马匹受到惊吓。

观看马术比赛时不要轻易使用闪光灯进行拍照。禁止吸烟，手机要关机或设置在振动、静音状态。

禁止在马术比赛现场发出刺耳的尖叫声，以免使马匹受到惊吓，影响比赛的正常进行。

马术比赛进行时，特别是马匹在完成动作的过程中，观众要保持良好的秩序。

观众要尊重参加奥运会、残奥会的运动员，在运动员完成动作后要鼓掌，予以鼓励。

参赛礼仪

参赛者骑乘前必须更换全套骑马装束（头盔、护腿、手套等，最好自备马裤马靴、防护背心）后方可登马。

严禁不戴头盔上马，体能不佳和酒后骑乘，以免发生危险。

在马术表演过程中两马交会时，请勿靠得太近，更要避免碰触擦身而过，以免骑乘者的脚或膝盖互相碰撞以及马匹互踢。

骑乘中不得解开头盔的安全带，以免不小心摔马或落马时造成头部受伤。

当马匹失控奔跑时，其他骑乘者应立即停止骑乘，请确实抓紧缰绳，勿惊叫，切勿跳马，拉单边缰绳，将马匹靠近栏杆减速，同时发出"噢来"声，让马匹慢下来。如因马匹受惊无法控制，应抓紧缰绳，抱住马头，身体紧缩，不要展开，呈弧形落马，待落到地面后再松缰。

下马时，请缩短缰绳确保抓紧，不可松缰以免马匹紧张脱蹬而跑。

请勿紧跟前一匹马的后方骑乘，以免遭前方的马匹踢伤，请至少保持 6 米以上的距离。

PART 11 明星花絮

"马术运动的象征" 莱蒙多·丁佐

莱蒙多·丁佐，1925 年生于意大利的多特蒙德。莱蒙多·丁佐和他的兄弟皮尔洛是奥运历史上参加次数最多的运动员，从 1948 年到 1976 年，他们代表意大利参加了 8 次奥运会的马术比赛。尽管两兄弟都获得了 6 枚奥运会奖牌，但莱蒙多的战绩更加辉煌：他总共获得了金牌 1 枚、银牌 2 枚、铜牌 3 枚，皮尔洛获得了 2 枚银牌、4 枚铜牌。另外，莱蒙多还获得马术世锦赛金牌 2 枚，银牌和铜牌各 1 枚。

莱蒙多·丁佐

1956 年澳大利亚墨尔本夏季奥运会上，莱蒙多获得个人马术的铜牌，团体银牌；1960 年意大利罗马夏季奥运会上，他获得马术金牌和团体铜牌；在 1964 年日本东京夏季奥运会上和 1972 年德国慕尼黑夏季奥运会上，他再次获得团体铜牌。

"盛装舞步之王" ——莱纳·克利姆克

  莱纳·克利姆克，1936 年生于德国，参加过 5 届奥运会，在盛装舞步赛中共获 6 枚奥运金牌，其中 1 枚个人金牌（1984），5 枚团体金牌（1964，1968，1976，1984，1988）。获得最后一枚金牌是在 1988 年，正值他 52 岁时。他创造的这一成绩至今仍是最高纪录。由于他在马术盛装舞步赛上的伟大贡献，他享有"盛装舞步之王"的美誉，同时确立了该项赛事的典范。另外，他还曾在马术世界锦标赛中获得个人金牌 3 枚（1962，1974，1982），团体金牌 4 枚（1966，1974，1982，1986）。

  莱纳·克利姆克和马的故事是一个持续一生的传奇。他在奥运会上最初参加的是三项赛，在 1960 年罗马奥运会上，作为德国队的一员的莱纳·克利姆克参加了为期 3 天的马术三项赛。罗马奥运会后，克利姆克把注意力转向盛装舞步赛。在近 30 年的时间里，莱

"盛装舞步之王"莱纳·克利姆克

纳·克利姆克确立了盛装舞步赛的优秀标准，他在这项比赛中共获得 6 枚奥运金牌和 2 枚奥运铜牌，从而成为奥运马术历史上最成功的参赛选手。

  1964 年，克利姆克 28 岁时，他是西德队的一员，和队友一起获得了东京奥运会盛装舞步团体赛冠军。那时他的坐骑名叫达克斯，达克斯还帮助克利姆克在 1968 年墨西哥奥运会的盛装舞步团体赛上成功卫冕。在 1968 年墨西哥奥运会上，克利姆克还获得了自己的第一枚个人赛奥

运奖牌。

在 1976 年蒙特利尔奥运会上，克利姆克骑着一匹名叫梅梅德的马重复了在 1968 年墨西哥奥运会上的表演，同样收获一金一铜。

在 1984 年洛杉矶奥运会上，克利姆克骑着一匹名叫阿勒里奇的马获得了盛装舞步团体赛和个人赛两枚金牌。这匹名叫阿勒里奇的马让克利姆克享受了最多的成功，他在 1988 年汉城奥运会的盛装舞步团体赛再获金牌。

克利姆克也是世界锦标赛盛装舞步赛的统治者，他在 20 年的职业生涯中骑着 4 匹不同的马共获得 7 枚马术世锦赛金牌。此外，克利姆克还获得 10 枚州际赛金牌和 9 枚国内赛事金牌。

1999 年，克利姆克突然因心脏病发作去世。作为一名伟大的骑手，他的英名将在马术界永久传颂。

马术三项赛大师马克·托德

马克·托德 1956 年出生于新西兰，被认为是 20 世纪一位伟大的骑手，他在马术三项赛项目取得了举世瞩目的辉煌成就。

马克·托德自幼喜欢骑马，他曾为此连续数次摔断了自己的骨头，但每一次伤愈他都又激情四溢地上了马术场。他与马有一种天然的亲和力，别的骑手无法驯服的马匹，到他手里都会变得异常驯服。

20 世纪 70 年代，他在新兰西马术界小有名气后，赴英国进行马术训练与深造。1980 年，他在英国马术赛上一战成名，从而开启了他辉煌的马术生涯。

马克·托德

1984 年，他首次参加洛杉矶奥运会即获得个人三项赛冠军，此后的十几年间他是马术场上最风光的人，多次在马术世锦赛上夺冠。

1988 年，在汉城奥运会上，他获得马术三项赛个人冠军、团体季军。

1990 年，他获得马术世锦赛马术三项赛团体赛冠军。

1997 年，他获得欧锦赛马术三项赛个人赛冠军。

1998 年，他获得世锦赛马术三项赛团体赛冠军。

2000 年，在悉尼奥运会上，他获得马术三项赛个人赛季军。

悉尼奥运会后，马克·托德退役。然而因为一次酒后豪言，他宣布重出江湖。后来在法国举行的马术奥运选拔赛中，他列马术三项赛第6名，从而获得了北京奥运会的参赛资格，告诉了人们什么叫"宝刀不老"，并在 2008 年北京奥运会上获得马术三项赛团体第 5 名。

英国王室的骄傲——扎拉·菲利普斯

扎拉·菲利普斯，1981 年出生，英国公主，是安妮公主与其前夫马克·菲利普斯上尉的千金，英国女王伊丽莎白二世与爱丁堡公爵菲利普亲王的长外孙女，是英联邦 16 个主权国家王位的第十三顺位继承人；同时也是一位马术三项赛世界冠军，赢得过 2006 年德国亚琛的世界马术全能锦标赛个人冠军和团体亚军，并被大众投票当选为 2006 年度 BBC 体育人物。鉴于其在马术领域所作出的贡献，扎拉在 2007 年新年被授

英国公主扎拉及其赛马"玩具城"

予员佐勋章（MBE）。她现在是英国媒体追逐的对象，也是英国人民和英国王室的骄傲。

扎拉公主的马术生涯

1981 年出生的扎拉在艾克斯特大学取得了马术物理治疗师资质，在学校期间，扎拉她在许多运动项目上展现出才能，曾代表学校参加过曲棍球、田径和体操比赛。

1998 年至 2005 年期间，担任鼓励青年人参与马术运动的组织 16 – 24 俱乐部的主席。

2003 年 6 月，扎拉宣布她已经获得了一份来自伦敦康托菲茨杰拉德公司旗下致力于点差交易的子公司康托指数的赞助合同，以帮助扎拉承担她马术生涯的相关花费。

2004 年，扎拉·菲利普斯被列入雅典奥运会英国马术代表队的名单，但由于参赛马匹"玩具城"在训练中持续受伤，最终错过雅典奥运会。

2005 年，作为替补队员来到德国布伦海姆参加欧洲全能马术锦标赛，由于队友的赛马在临上场前的最后 1 分钟受伤突然获得了上场的机会，并取得了全场最高分，囊括了 2005 布莱尼姆宫欧洲马术全能锦标赛个人与团体的双料金牌。

2006 年，获得德国亚琛世界马术运动会个人金牌与团体银牌。

2012 年伦敦奥运会上母亲安妮给爱女扎拉颁奖

2007 年，意大利欧洲马术全能锦标赛上，菲利普斯公主蝉联团体金牌，但在个人赛中由于跨越障碍时出现失误而卫冕失利。

2008 年，英国奥运协会曾宣布扎拉将成为英国马术奥运代表队五位队员中的一位，带着参赛马匹"玩具城"参加在香港进行的北京奥运会马术比赛。但在 6 月的一次训练中马匹"玩具城"再次受伤，使得扎拉连续错过了两届奥运会。

2009 年，扎拉与英国室外运动服装生厂商 Musto 合作，推出了一系列自己设计的的马术服装，名为"ZP176"，是扎拉首次代表英国出赛时的号码。

2012 年，伦敦奥运会上，扎拉第一次踏上奥运赛场，摘得马术三项赛团体的银牌，由其母亲安妮公主亲自颁奖，成为首位由母亲颁奖的奥运选手。

亚琛夺冠的台前幕后

扎拉公主自孩提时代便热爱骑马，于 2001 年正式参赛。扎拉公主素有"派对女孩"之称，然而若论训练的吃苦精神，她一点也不含糊。"我每天清晨 6 点钟便进马圈，每天要骑七八个小时，如此高强度训练量外人难以置信。"对此马夫欧文斯也证实道："扎拉有时甚至一天训练 14 个小时。她非常自觉、敬业，她的吃苦精神来源于她的父母。她觉得自己身处公众视野，必须时刻有上好表现。"

2005 年 9 月，她勇夺"欧洲全能马术锦标赛"金牌之后，成为名噪全欧的优秀骑手之一。2006 年 8 月在德国亚琛世界马术大赛中，扎拉一路过关斩将，以无可挑剔的表演最终摘得一枚个人金牌，并且帮助英国队夺得团体银牌，仅居东道主德国队之后。身披一金一银的扎拉深情地亲吻了自己现年 12 岁的爱马"玩具城"。6 年前，扎拉的父亲以区区 400 英镑将其买下，经过精心调教，它已经出落成一匹体态俊美的栗色宝马。夺冠

赛场上的扎拉

之后的扎拉异常兴奋，但是俊秀的面孔上马上显露出忧伤的神情，不断用手指抹掉伤心的泪花。扎拉表示，她要将胜利献给她的亲密队友、越野障碍赛骑手谢雷莉·杜克。8 月 19 日，28 岁的杜克在一场比赛中不幸坠马身亡。

其实，扎拉的"赛马基因"源自父母。1971 年，其母安妮公主代表英国队获得了欧洲跨越障碍赛马的冠军，并且当选为 BBC 年度最佳体育人物，那一年年仅 21 岁。扎拉的父亲马克·菲利普斯上尉曾于 1972 年代表英国队在慕尼黑奥运会上勇夺金牌。这对因赛马而结缘的父母对于女儿参加赛马运动给予了坚定支持。此次扎拉在德国亚琛的惊人表现，使她跻身英国有史以来 4 名马术世界冠军行列。后来，扎拉凭借这一骄人成绩步其母亲安妮公主后尘，当选 2006 年 BBC 体育风云人物。

就在扎拉公主前方激战正酣之时，远在苏格兰高地行宫巴尔莫勒尔堡避暑的女王伊丽莎白也时刻关注着这一精彩赛事。一向酷爱赛马运动的女王虽然老眼昏花，可是仍然通过卫星电视频道收看了全部比赛。到了关键场次，她老人家更是紧张得屏气凝神、不敢出声。当最终获悉扎拉夺冠的消息时，年过八旬的女王欣喜若狂，手舞足蹈。

"马术界的刘翔"——华天

华天，中英混血儿，中国奥运骑士。2008 年，他成为了世界上唯一一位 18 岁的马术三项赛最高级别国际四星级骑手和奥运会骑手；2009 年，他被推举为国际马术联合会历史上第一位 21 岁年龄级别最佳骑手，他还成为"著名老伊顿生"名单中的人物；2010 年，与"20 世纪的传奇骑手"马克·托德一起被国际马联称为最老和最小的传奇，成为国际马联马术运动"激励"形象人物，激励着全世界马术运动爱好者！

身体里流的是"马血"

华天，1989 年生于英国伦敦，毕业于素有"绅士摇篮"之称的英国伊顿公学。他出身名门，爷爷华龙毅是东北"老航校"第一期飞行员。1951 年抗美援朝战争中，由于战绩突出，有"孤胆英雄"之称。而外公是电影《桂河大桥》里男主人公的原型，外婆则是亨利八世第三任妻子家族的后代，并是著名影星费雯丽等名流的闺中密友。

华天的父亲华山祖籍山西定襄，从事航空工业；而母亲罗山出身英国军人世家。大学主修中文和汉代历史，

华天马上英姿

精通法文。曾为怡和洋行消费品公司总经理，宝洁公司中国亚太区董事，英国赛马委员会高级顾问。

"她血管里流的不是人血，而是马血。"华山这样评价自己的妻子罗山。罗山本名萨拉·诺贝尔，而诺贝尔家族是英国历史最悠久的贵族世家之一。她是看着她的父辈在马背上竞技长大的，而华天在盛装舞步比赛上所戴的高顶礼帽，正是她的父亲留下的遗物。

前面的四位骑手从左至右依次是华天、罗山、华明（华天弟弟）、戴安娜（罗山妹妹）

罗山从小就被送上马背，英国贵族们希望以此磨炼孩子的耐心，培养他们面对障碍时的勇气。爱骑马的罗山，不仅把家安在了马场附近，就连她

怀华天已经 7 个月时，还会骑在马背上。

每当有人惊叹华天 4 岁就会上马时，他总是解释说："这说法不准确，我从小身边就一直有马，我会拍拍他们、喂喂他们，有时还会被抱到马背上。学骑马只是一个自然的过程，我和妈妈一样，身体里流的是'马血'。"

因为父母工作的关系，华天的家搬到了北京。1994 年，不到 5 岁的华天被妈妈送到北京石景山马术俱乐部，指导他上马的教练就是后来的全国冠军哈达铁。"小孩子来骑马更多的是一种游戏，但华天和其他孩子不一样，他一上马就表现得特别专注，"哈达铁说，"即便我给他更多的要求，他也能坚持完成，而且他在马上的动作很放松。"

再次回到香港的华天，参加了第一届香港少年马术赛。全场观众屏住呼吸，看着场地中央那个不到 9 岁的小男孩，他穿着越野赛服，戴着马术头盔，面貌俊秀。可是他骑的那匹小马，因为从来没有参加过越野赛，所以在每道障碍前都会停下来。场边的罗山紧张得直叫"快！快！"可小华天看上去却不慌不忙，表现出与他年龄不相符的镇静，他引导着小马越过一个个障碍，竟然完成了比赛。

"马是通人性的，它能够通过骑手的细微反应，知道骑手的心态。当骑手紧张时，马就会从骑手的不自觉动作中感到紧张。马的胆子其实很小，所以骑手坐在上面不能吓着它，否则它会害怕得发抖。"谁也没有想到，一个 9 岁的小男孩，竟然能如此镇定自若地驾驭马匹。

父亲华山骄傲地说："这孩子从小就稳重，是个好骑手的料。他知道马是他的心灵伙伴，不能逼迫它。伤害马，是一个骑手的耻辱。"那次比赛后，华天几乎每个周末都会去参加比赛，而每次回来都拿着马花。他那时赢得的马花装了满满三纸箱子。

结缘名师与"孙悟空"

2000 年，10 岁的华天跟随父母到英国求学。英国是马术三项赛的故乡，威尔特郡又是英国最主要的马术运动地区，喂养着 100 多万匹马。在这里，人们羞于谈论他们的汽车，却热衷于谈论他们的马。在比赛季节，各种赛事天天都有。

罗山在那里找到了与她相熟的克雷顿夫妇，克雷顿·弗雷德里克斯是 2005 年国际马联马术三项赛世界杯冠军，国际马术三项赛骑手协会主席，而他的妻子卢辛达则是 2006 年英国伯利大赛（世界比赛难度最高的职业四星级比赛）冠军。他们分别排名世界第二和第五位。

原本只是希望他们给 10 岁的儿子找一匹小马骑着玩。可 10 天后罗山去接孩子，却远远地看见华天骑着一匹高头大马，得意地走过来向她挥手。

克雷顿告诉罗山："这个孩子的马感非常好、能力强、勇敢、有潜质。"从此，弗雷德里克斯夫妇与华天结下了不解之缘，华天一放假就泡在位于威尔特郡的马场。

华天与"孙悟空"

就这样，两个月后，当克雷顿带着华天出现在赛场时，所有参赛的选手都停下来，看着这个两腿还在大马身体两侧"晃荡"的孩子，轻轻松松地完成障碍跨越。

很快，华天便有了自己在英国的第一匹马。这是一匹在香港退役的赛马，好动、骄傲，不愿被驾驭。当时罗山的朋友建议她，放弃这匹马，免得将来伤到华天。但华天却和它产生了特殊的感情，并为其取名"孙悟空"。

"嘿，今天感觉还不错！"华天经常对着"孙悟空"自言自语，也体会着"孙悟空"和他的"悄悄话"。两个耳朵冲前就是"高兴"，向后就是"心情不好"，要是一前一后呢，华天就要多说些好话，让它兴奋起来。

就是"孙悟空"带着华天，一次次以绝对完美的动作完成高难度的障碍跨越，打破惯例，成为世界马术界的一颗明星。

女王破格接见华天

在克雷顿的调教下，华天在 2006 年两次击败世界冠军，英国女王的外孙女扎拉·菲利普斯；同年 5 月，在华天就学的伊顿公学，他在温莎皇家马术赛中夺得女王杯。

当时英国女王伊丽莎白二世也坐在看台上。或许是想起两个月前的马术比赛上，就是这个小伙子战胜了自己曾是冠军的外孙女，于是，女王面带微笑，向华天走了过来。偏偏"孙悟空"此时闹起了脾气，一会儿抬腿，一会儿刨地，发着怪声。骑在马上的华天屏息控制住"孙悟空"，在马背上弯下腰，微笑着对女王表示尊敬和感谢。

妈妈罗山说："我感到非常庆幸，华天从小到大遇到的都是世界上最好的教练。"

华天受英国女王接见

"我总欣赏不够他。"看着儿子总是满脸骄傲的华山，从不掩饰自己的得意。

"华天的大气是骨子里的，"他给儿子取名"天"，就是因为希望"天比山高"。

个人纪录

华天是从历史和西方精神世界里走出来的现代东方骑士，年轻的他创造了众多的第一：

2003 年，华天 13 岁时成为英国注册职业马术三项赛骑士（打破 16 岁最小年龄注册职业马术三项赛骑手的惯例）；

2005 年，华天成为国际马联第一位注册国际一星级马术三项赛中国参赛骑士；

2006 年，华天成为国际马联第一位注册国际二星级马术三项赛中国参赛骑士；

2007 年，华天成为国际马联第一位注册国际三星级马术三项赛中国参赛骑士；

2008 年，华天成为国际马联第一位注册国际四星级马术三项赛中国参赛骑士，并成为全世界第一位和唯一一位 18 岁年龄奥运会马术三项赛参赛骑士。

2008 年 4 月底在波兰举行的国际三星级 CCI（三项赛）比赛中，华天与他的三匹运动马的组合分别获得第二、第五和第七名次。其中，华天与他这些运动马匹的组合在一个半小时之内，分别完成在 5700 米坡陡崎岖赛程上由 29 道艰险巨大障碍物组合成的越野赛，让所有的人感到震惊。从此，华天被冠以"中国英勇骑士"。

2008 年 5 月 2 日国际马联颁布的《2008 年北京奥运会马术三项赛参赛骑士资格与排名》中，华天在全世界 518 名获取奥运参赛资格骑士中排名第 27。以个人名义代表国家参赛的骑士中世界排名第二，全亚洲第一，中国唯一。

2008 年 8 月 8 日下午 18：00 时，华天正式进行验马仪式，从此刻开始，华天成为北京奥运会开赛中国第一人，奥运会历史上第一位中国骑士亮相。作为历史上第一位和唯一一位 18 岁年龄世界顶级马术三项赛骑士，与中国人民一起感受北京奥运会的无限激情，成为中国人的骄傲！

2008 年，华天创造了马术三项赛历史新记录，使他成为：

马术三项赛历史上第一位和唯一一位 18 岁年龄世界最高级别国际四星级顶级骑手；

马术三项赛历史上第一位和唯一一位 90 天奥运资格赛（奥运会马术三项赛资格赛为 540 天）中，与四匹只有 90 天组合时间的马匹全部获得奥运会参赛资格；

马术三项赛历史上第一位和唯一一位在 90 天比赛时间内获 281 分

比赛成绩积分（奥运会金牌为 160 分）；

马术三项赛历史上第一位和唯一一位在 360 天全年比赛中只参加 90 天比赛获全年世界最佳成绩排名（在 3000 名世界排名骑手中为第 21 名）；

马术三项赛历史上第一位和唯一一位在校中学生业余骑手成为世界顶级马术三项赛骑手（世界排名前 200 的世界顶级骑手平均年龄 40 岁，全部为职业骑手）；

马术三项赛历史上第一位和唯一一位少年骑手创造和改写了所有马术三项赛青少年组别（21 岁以下年龄段）各项比赛历史最佳纪录；

马术三项赛历史上第一位和唯一一位骑手彻底砸开了马术三项赛中"三个绝对不可能"的禁区。

所有这些第一和唯一，其中任何一项都被称为"华天纪录"。改写其中任何一项"华天纪录"，对于未来的伟大骑士都将是一项历史性的挑战！

奔向世界

2008 年 8 月，华天历史性地参加北京奥运会，成为全世界第一位 18 岁年龄奥运会马术三项赛骑手和中国第一位奥运骑手而载入史册。

8 月 11 日上午，北京奥运会马术比赛三项赛个人赛在香港双鱼河马场举行，当天是第二项越野赛，第 29 位出场的中国选手华天，策骑了约 3 分钟，在攻克 8 号"雨花台"障碍栏时，其马匹前脚碰到障碍物。而华天则被抛落地面，人与马

华天在比赛中坠马瞬间

均未受伤，但却痛失继续比赛的资格，告别本次奥运会。

不过，值得一提的是，由于 18 岁的华天是历史上参加该项目比赛年龄最小的选手，随后国际马术联合会颁布规定，今后参赛选手必须在

18 岁以上，这就意味着华天成为了马术界最年轻的奥运会参赛选手，他与获得 2 届奥运冠军，被称为 "20 世纪传奇骑手" 的新西兰老将马克·托德被国际马术联合会称为老少双星，他们的照片被悬挂在国际马术联合会总部。

2008 年 11 月，华天受邀参加 "世界顶级 20 赛"，在盛装舞步比赛中表现突出，获第三名次。

2009 年 9 月 15 日，华天参加了世界马术运动会的资格赛。在比赛中，华天和他的两匹坐骑 "木兰" 和 "忽必烈" 都获得了参赛资格。华天成为了首位获得世界马术运动会资格的中国骑手。

2009 年 11 月 19 日华天作为国际马术联合会 88 年历史上第一位被授予 "升起的明星" 大奖的 21 岁年龄段伟大骑士，以表彰他在那个年龄段创造的所有历史最佳比赛纪录，被称为 "华天纪录"，使他成为国际马术界伟大未来的象征！

2010 年 5 月，华天参加了享誉世界的伯明顿大赛（技术难度超过奥运会）。大赛组织依据报名参赛骑士和马匹于 2008 年和 2009 年比赛积分决定是否接受报名。华天在 2008 年奥运会后返回伊顿公学，为进入大学做中学 A 级考试的准备而退出比赛一年。华天仅依靠 2008 年 3 月至 6 月比赛积分和 2009 年 7 月至 9 月比赛成绩积分就顺利地获得了伯明顿大赛的参赛资格。华天是伯明顿大赛 61 年历史上最年轻的骑士，中国骑士华天与他的两匹战马 "忽必烈" 和 "花木兰" 同时参赛成为伯明顿大赛的醒目标题，再次成为英国伟大传统运动中的历史性人物。

华天参加伯明顿大赛

2010 年 9 月，华天参加了英国伯利大赛，伯利大赛堪称马术三项赛四星级大赛中技术难度最高的比赛（技术难度超过奥运会），华天为

BBC 选出世界五位顶级马术三项赛骑士之一，其赛况向全世界转播。

2010 年 9 月，华天与战马"乾隆"参加布莱姆尼宫经典大赛，获得参加 2011 年伯明顿宫经典大赛资格，并连续第二年获得 25 岁年龄组最佳骑手大奖。

2010 年 10 月，华天成为国际马术联合会《世界马术运动会》全球形象，命名为"激励"，与奥运历史上最伟大的马术三项赛骑士，55 岁年龄还保持着最佳竞技状况的参赛骑手马克·托德一起被称为最老和最小的传奇，激励着全世界马术运动爱好者！

北京奥运会后，华天更加刻苦训练，希望在马术运动的发祥地英国举办的奥运会上再次证明中国力量。按照规定，奥运会马术三项赛的参赛资格需要通过资格赛的选拔产生，在奥运会前 1 年 3 个月的各站资格赛中，取其中最好的 5 站成绩作为排名依据。但在奥运会资格赛开始前，华天的 3 匹马相继受伤，使得他一年

华天参加伦敦奥运会马术三项赛
测试赛验马仪式

无法参加比赛，直到一匹马恢复了，比赛也只剩 3 站了，在这 3 站比赛中，华天发挥出色，但最终因参赛过少，遗憾地以 1.7 分的微弱差距没能直接获得伦敦奥运会参赛资格，但依旧获得了替补的资格，然而他最终无缘伦敦奥运会。

"中国马术一枝花" ——刘丽娜

刘丽娜 1979 年生于新疆维吾尔自治区，俄罗斯族，2006 年和 2009 年两度获得全国马术锦标赛盛装舞步赛的团体冠军、个人冠军、国际挑

战赛个人冠军，2008 年在西班牙参加国际 CDI 三星"阳光之旅"巡回赛中，共获得冠军、第三名、第四名，并取得北京奥运会资格，获得中国参加奥运马术第一人的光荣称号（天才骑手华天是以个人名义代表中国参加奥运会）；2009 年全国第十一届运动会获得个人冠军、团体第二名；是目前中国国家马术队中唯一的女骑手。

走出国门取经

自从 15 岁被从田径队挑到马术队，刘丽娜已在马背上度过了 14 个春秋，其中 6 年在国外训练。在新疆马术队领队班志强眼里，刘丽娜一直是"一个训练不让人操心的队员"，平时训练中受点伤，如果不是教练发现，她从不会主动说。

刘丽娜

鉴于世界顶尖的马术教练和马匹大都在欧洲，中国马术界意识到：只有走出去，和高手同台竞技，才能有所突破。

2002 年起，刘丽娜远赴丹麦和德国训练，为了尽快熟悉马术运动术语，她身上随时揣一本《英汉小词典》，硬是靠韧劲儿学会了英语和德语，并学会了自己打理一切，变得独立而坚强，技术也有了大幅提高。

填补中国空白

2007 年 2 月 26 日至 3 月 8 日，刘丽娜参加了在西班牙举行的两场大奖赛暨 2008 奥运会马术盛装舞步资格赛，骑手和马匹组合分别获得两名国际马联高级国际裁判 64 分以上的得分。按照国际马联规定，中国运动员在两场资格赛中，分别各有一名国际高级裁判员给的评分在 64 分以上，就可以获得参赛资格。刘丽娜参加两场资格赛的具体成绩为：第 1 场最高得分 64.583 分，第 2 场最高得分 67.708 分，而且是每场比赛均有三名以上的裁判员给予了 64 分至 67 分的高分。

刘丽娜还在 3 月 9 日举行的由 10 个国家和地区的 15 名运动员参加的盛装舞步大奖赛（非资格赛）中，以 66.458 分获得冠军，这是目前我国马术运动员在国际比赛中取得的最好成绩。

4 月 8 日，记者从中国马术运动协会获悉：国家马术队盛装舞步运动员刘丽娜获得了参加 2008 年奥运会马术盛装舞步比赛的资格，国际马联已致函中国马术协会确认了这一消息。自行车击剑运动管理中心马术部主任成庆表示：刘丽娜获得的资格，使她成为我国马术运动员参加奥运会的第一人，填补了我国马术项目的奥运参赛空白，实现了我国参加奥运会全部 28 个项目的目标，标志着中国马术运动有了新的进步。

人与马的交流

"对于马术运动员来说，马就是伙伴和战友，丝毫怠慢不得。"刘丽娜说。现在和刘丽娜搭配的是匹 12 岁的德国母马，为刘丽娜在西班牙夺取奥运门票立下大功；由于奥运会要求同马同人，这匹马也陪着她一路走向北京奥运。

小时候刚转到马术队时，刘丽娜见到高高大大的马匹，还曾吓得不敢上前。后来接触多了，逐渐对马有了很深的感情。"人马之间是有交流的，"刘丽娜说，"你喜欢它，它一定知道。"

"这匹马很有性格，跟一个女孩子一模一样。"刘丽娜这样评价她的爱马。比赛时动物是要吃喝的，有一次刘丽娜在比赛间隙在马厩里给马打护腿，饲养员来喂草，但护腿还未打完，她的马就站在原地不动伸长了脖子去够草，却够不着。"这不符合马的本性，"刘丽娜说，"她站着不动是怕踩到我，只好忍着。"这件事让她感动至今。

"照顾马也是训练的一个重要内容，我们之间很有默契。"从早到晚，从刷马、遛马到照顾马，刘丽娜一点儿也不含糊。

展现中国舞步

"中国马术整体有了发展，我才有机会夺取奥运入场券。"刘丽娜说。她练的是优雅的盛装舞步项目。在国外，她总是颇为自豪地告诉别人自己是原汁原味的中国人，而非外籍华人——"都有点迫不及待。"刘丽娜笑着说。

多年的训练使刘丽娜一个手腕三角软骨损伤，医生说必须要做手术，要四个月后才能恢复。但为了参战奥运，刘丽娜将手术时间推迟到奥运之后。"有付出才会有得到。"刘丽娜说。

刘丽娜在北京奥运会香港马术比赛中的英姿

PART 12 历史档案

奥运会盛装舞步赛个人（混合）前三名（1912～2008）

年份	地点	奖牌	国籍	人或马名
2008 年	北京	金牌	荷兰	安基·范格林斯芬
2008 年	北京	银牌	德国	伊莎贝尔·沃思
2008 年	北京	铜牌	德国	海克·克默尔
2004 年	雅典	金牌	荷兰	安基·范格林斯芬
2004 年	雅典	银牌	德国	萨尔斯伯格
2004 年	雅典	铜牌	西班牙	费雷尔－萨拉特
2000 年	悉尼	金牌	荷兰	篝火（马名）
2000 年	悉尼	银牌	德国	基格罗（马名）
2000 年	悉尼	铜牌	德国	鲁斯提（马名）
2000 年	悉尼	金牌	荷兰	安凯·范格林斯芬
2000 年	悉尼	银牌	德国	伊莎贝尔·沃思
2000 年	悉尼	铜牌	德国	乌拉·萨尔茨格贝尔
1996 年	亚特兰大	金牌	德国	基格罗（马名）
1996 年	亚特兰大	银牌	荷兰	篝火（马名）
1996 年	亚特兰大	铜牌	荷兰	威登（马名）
1996 年	亚特兰大	金牌	德国	伊莎贝尔·沃思
1996 年	亚特兰大	银牌	荷兰	安凯·范格林斯芬
1996 年	亚特兰大	铜牌	荷兰	斯温·罗森比尔
1992 年	巴塞罗那	金牌	德国	雷姆布朗德（马名）
1992 年	巴塞罗那	银牌	德国	基格罗（马名）

年份	地点	奖牌	国籍	人或马名
1992 年	巴塞罗那	铜牌	德国	金斯特恩（马名）
1992 年	巴塞罗那	金牌	德国	尼克尔·阿普霍夫
1992 年	巴塞罗那	银牌	德国	伊莎贝尔·沃斯
1992 年	巴塞罗那	铜牌	德国	克劳斯·巴尔克诺尔
1988 年	汉城	金牌	联邦德国	雷姆布兰德（马名）
1988 年	汉城	银牌	法国	克雷潘·奥托（马名）
1988 年	汉城	铜牌	瑞士	高格温·德鲁利（马名）
1988 年	汉城	金牌	联邦德国	尼古莱·乌普霍夫（马名）
1988 年	汉城	银牌	法国	克兰杜斯
1988 年	汉城	铜牌	瑞士	克里斯蒂·斯图克尔伯格
1984 年	洛杉矶	金牌	联邦德国	阿勒里奇（马名）
1984 年	洛杉矶	银牌	丹麦	马尔祖格（马名）
1984 年	洛杉矶	铜牌	瑞士	里曼德斯（马名）
1984 年	洛杉矶	金牌	联邦德国	雷诺·克里蒙克
1984 年	洛杉矶	银牌	丹麦	安妮·简森
1984 年	洛杉矶	铜牌	瑞士	奥托·霍弗尔
1980 年	莫斯科	金牌	奥地利	柴里尔·蒙（马名）
1980 年	莫斯科	银牌	苏联	伊格洛科（马名）
1980 年	莫斯科	铜牌	苏联	施科瓦尔（马名）
1980 年	莫斯科	金牌	奥地利	伊丽莎白·托伊雷尔
1980 年	莫斯科	银牌	苏联	耶里亚·科夫绍夫
1980 年	莫斯科	铜牌	苏联	维克托·乌格尔耶莫夫
1976 年	蒙特利尔	金牌	瑞士	格拉纳特（马名）
1976 年	蒙特利尔	银牌	联邦德国	沃伊希克（马名）
1976 年	蒙特利尔	铜牌	联邦德国	麦哈迈德（马名）
1976 年	蒙特利尔	金牌	瑞士	克里斯蒂·斯图克尔伯格
1976 年	蒙特利尔	银牌	联邦德国	哈利·波尔德特

续表

年份	地点	奖牌	国籍	人或马名
1976 年	蒙特利尔	铜牌	联邦德国	雷诺·克里蒙克
1972 年	慕尼黑	金牌	联邦德国	皮亚夫（马名）
1972 年	慕尼黑	银牌	苏联	佩佩尔（马名）
1972 年	慕尼黑	铜牌	联邦德国	维内提亚（马名）
1972 年	慕尼黑	金牌	联邦德国	里瑟洛特·林森霍夫
1972 年	慕尼黑	银牌	苏联	埃琳娜·佩图什科娃
1972 年	慕尼黑	铜牌	联邦德国	约瑟夫·内克曼
1968 年	墨西哥	金牌	苏联	伊乔尔（马名）
1968 年	墨西哥	银牌	联邦德国	马里亚诺（马名）
1968 年	墨西哥	铜牌	联邦德国	杜克斯（马名）
1968 年	墨西哥	金牌	苏联	伊万·奇茨莫夫
1968 年	墨西哥	银牌	联邦德国	约瑟夫·内克曼
1968 年	墨西哥	铜牌	联邦德国	雷诺·克里蒙克
1964 年	东京	金牌	瑞士	沃尔曼（马名）
1964 年	东京	银牌	德国	雷莫斯（马名）
1964 年	东京	铜牌	苏联	失踪（马名）
1964 年	东京	金牌	瑞士	亨利·查马廷
1964 年	东京	银牌	德国	哈利·波尔德特
1964 年	东京	铜牌	苏联	谢尔盖·菲拉托瓦
1960 年	罗马	金牌	苏联	失踪（马名）
1960 年	罗马	银牌	瑞士	瓦德（马名）
1960 年	罗马	铜牌	德国	阿斯巴赫（马名）
1960 年	罗马	金牌	苏联	谢尔盖·菲拉托瓦
1960 年	罗马	银牌	瑞士	古斯塔夫·菲舍尔
1960 年	罗马	铜牌	德国	约瑟夫·内克曼
1952 年	赫尔辛基	金牌	瑞典	马斯特·鲁弗斯（马名）
1952 年	赫尔辛基	银牌	丹麦	朱比莉（马名）

年份	地点	奖牌	国籍	人或马名
1952 年	赫尔辛基	铜牌	法国	哈帕格恩（马名）
1952 年	赫尔辛基	金牌	瑞典	亨利·圣西尔
1952 年	赫尔辛基	银牌	丹麦	里斯·哈尔特
1952 年	赫尔辛基	铜牌	法国	安德鲁·约塞奥尤姆
1948 年	伦敦	金牌	瑞士	蜂鸟（马名）
1948 年	伦敦	银牌	法国	哈帕格恩（马名）
1948 年	伦敦	铜牌	瑞典	图鲁姆弗（马名）
1948 年	伦敦	金牌	瑞士	汉斯·莫塞尔
1948 年	伦敦	银牌	法国	安德鲁·约塞奥尤姆
1948 年	伦敦	铜牌	瑞典	小古斯塔夫·波尔腾斯特恩
1936 年	柏林	金牌	德国	科罗诺斯（马名）
1936 年	柏林	银牌	德国	苦艾酒（马名）
1936 年	柏林	铜牌	奥地利	尼尔奥（马名）
1936 年	柏林	金牌	德国	海因茨·波莱
1936 年	柏林	银牌	德国	弗里德里希·格哈德
1936 年	柏林	铜牌	奥地利	阿罗斯·波达伊斯基
1932 年	洛杉矶	金牌	法国	塔米（马名）
1932 年	洛杉矶	银牌	法国	里侬（马名）
1932 年	洛杉矶	铜牌	美国	奥林匹克（马名）
1932 年	洛杉矶	金牌	法国	弗朗西斯·雷萨格
1932 年	洛杉矶	银牌	法国	查尔斯·马里昂
1932 年	洛杉矶	铜牌	美国	希拉姆·塔特尔
1928 年	阿姆斯特丹	金牌	德国	德拉夫基纳尔（马名）
1928 年	阿姆斯特丹	银牌	法国	里侬（马名）
1928 年	阿姆斯特丹	铜牌	瑞典	古斯特林（马名）
1928 年	阿姆斯特丹	金牌	德国	卡尔·凡兰艮
1928 年	阿姆斯特丹	银牌	法国	查尔斯·马里昂

续表

年份	地点	奖牌	国籍	人或马名
1928 年	阿姆斯特丹	铜牌	瑞典	雷格纳·奥尔松
1924 年	巴黎	金牌	瑞典	皮克格伦米尼（马名）
1924 年	巴黎	银牌	瑞典	萨比尔（马名）
1924 年	巴黎	铜牌	法国	普鲁摩德（马名）
1924 年	巴黎	金牌	瑞典	埃恩斯特·林德尔
1924 年	巴黎	银牌	瑞典	伯蒂尔·桑德斯特隆
1924 年	巴黎	铜牌	法国	弗朗西斯·雷萨格
1920 年	安特卫普	金牌	瑞典	吉尼·伦德布拉德
1920 年	安特卫普	银牌	瑞典	伯蒂尔·桑德斯特隆
1920 年	安特卫普	铜牌	瑞典	汉斯·冯罗森
1912 年	斯德哥尔摩	金牌	瑞典	皇帝（马名）
1912 年	斯德哥尔摩	铜牌	瑞典	马吉（马名）
1912 年	斯德哥尔摩	银牌	瑞典	内普顿（马名）
1912 年	斯德哥尔摩	金牌	瑞典	卡尔·邦德
1912 年	斯德哥尔摩	银牌	瑞典	古斯塔夫·波尔特斯特恩
1912 年	斯德哥尔摩	铜牌	瑞典	冯布利克森·菲内克

奥运会场地障碍赛个人（混合）前三名（1984～2004）

年份	地点	奖牌	国籍	人或马名
2004 年	雅典	金牌	爱尔兰	奥康纳
2004 年	雅典	银牌	巴西	佩索阿
2004 年	雅典	铜牌	美国	卡普勒
2000 年	悉尼	金牌	荷兰	斯杰姆（马名）
2000 年	悉尼	银牌	荷兰	兰杜（马名）
2000 年	悉尼	铜牌	沙特阿拉伯	卡哈姆安（马名）
2000 年	悉尼	金牌	荷兰	杰罗恩·杜贝尔丹

年份	地点	奖牌	国籍	人或马名
2000 年	悉尼	银牌	荷兰	阿尔伯特·沃恩
2000 年	悉尼	铜牌	沙特阿拉伯	哈利德·艾德
1996 年	亚特兰大	金牌	德国	朱斯·珀麦斯（马名）
1996 年	亚特兰大	银牌	瑞士	卡尔瓦罗（马名）
1996 年	亚特兰大	铜牌	法国	法衣（马名）
1996 年	亚特兰大	金牌	德国	乌拉瑞奇·奇尔科霍弗
1996 年	亚特兰大	银牌	瑞士	维尔海尔姆·米利格
1996 年	亚特兰大	铜牌	法国	亚力桑德拉·莱德曼
1992 年	巴塞罗那	金牌	德国	托奇（马名）
1992 年	巴塞罗那	银牌	荷兰	拉蒂娜（马名）
1992 年	巴塞罗那	铜牌	美国	爱尔兰人（马名）
1992 年	巴塞罗那	金牌	德国	鲁迪格·贝尔鲍姆
1992 年	巴塞罗那	银牌	荷兰	皮特·赖马克斯
1992 年	巴塞罗那	铜牌	美国	德洛·乔伊奥
1988 年	汉城	金牌	法国	拉普罗夫（马名）
1988 年	汉城	银牌	美国	甘·特维斯特（马名）
1988 年	汉城	铜牌	联邦德国	内波姆克（马名）
1988 年	汉城	金牌	法国	皮埃尔·迪朗
1988 年	汉城	银牌	美国	格里高利·贝斯特
1988 年	汉城	铜牌	联邦德国	卡尔森·胡克
1984 年	洛杉矶	金牌	美国	格拉斯·塔其（马名）
1984 年	洛杉矶	银牌	美国	阿卜杜拉（马名）
1984 年	洛杉矶	铜牌	瑞士	杰西卡（马名）
1984 年	洛杉矶	金牌	美国	约瑟夫·法吉斯
1984 年	洛杉矶	银牌	美国	康莱德·霍姆菲尔德
1984 年	洛杉矶	铜牌	瑞士	阿德赫德·罗比亚尼

奥运会马术三项赛个人（混合）前三名（1984～2008）

年份	地点	奖牌	国籍	人或马名
2008 年	北京	金牌	德国	彼得·罗迈克
2008 年	北京	银牌	美国	吉娜·迈尔斯
2008 年	北京	铜牌	英国	蒂娜·库克
2004 年	雅典	金牌	英国	劳·莱斯利
2004 年	雅典	银牌	美国	赛文森
2004 年	雅典	铜牌	英国	法内尔
2000 年	悉尼	金牌	美国	定制（马名）
2000 年	悉尼	银牌	澳大利亚	斯韦泽尔因（马名）
2000 年	悉尼	铜牌	新西兰	埃耶斯皮二世（马名）
2000 年	悉尼	金牌	美国	大卫·奥康纳
2000 年	悉尼	银牌	澳大利亚	安德鲁·霍伊
2000 年	悉尼	铜牌	新西兰	马克·托德
1996 年	亚特兰大	金牌	新西兰	泰迪准备好了（马名）
1996 年	亚特兰大	银牌	新西兰	松鼠山（马名）
1996 年	亚特兰大	铜牌	美国	到外面走走（马名）
1996 年	亚特兰大	金牌	新西兰	罗伯特·泰特
1996 年	亚特兰大	银牌	新西兰	赛莉·克拉克
1996 年	亚特兰大	铜牌	美国	凯瑞·米利金
1992 年	巴塞罗那	金牌	澳大利亚	马修·瑞安
1992 年	巴塞罗那	银牌	德国	赫尔伯特·布洛克尔
1992 年	巴塞罗那	铜牌	新西兰	罗伯特·泰特
1988 年	汉城	金牌	新西兰	超凡魅力（马名）
1988 年	汉城	银牌	英国	瓦蒂爵士（马名）
1988 年	汉城	铜牌	英国	艺术家（马名）
1988 年	汉城	金牌	新西兰	马克·托德
1988 年	汉城	银牌	英国	伊安·斯达科

年份	地点	奖牌	国籍	人或马名
1988 年	汉城	铜牌	英国	维吉妮亚·霍尔盖特
1984 年	洛杉矶	金牌	新西兰	超凡魅力（马名）
1984 年	洛杉矶	银牌	美国	本·阿舍尔（马名）
1984 年	洛杉矶	铜牌	英国	无价之宝（马名）
1984 年	洛杉矶	金牌	新西兰	马克·托德
1984 年	洛杉矶	银牌	美国	卡伦·斯蒂维斯
1984 年	洛杉矶	铜牌	英国	维吉妮亚·霍尔盖特